广东省教育科学规划课题
"基于大数据驱动下定制教育实践研究"（2019YQJK080）的阶段性成果

定制教育
十五讲

唐毅兵 著

上海交通大学出版社
SHANGHAI JIAO TONG UNIVERSITY PRESS

内容提要

  本书以演讲、对谈的形式，详细介绍了深圳市南山区前海学校如何通过个性化的定制教育方式，让每个学生实现自身潜力的最大化。本书重点探讨了定制教育的理论和实践，从不同层面分析了定制化教育的优点和局限，并提供了一些实用的教育方法和策略。

  本书适合关心教育问题的人群，包括教育从业者、家长、学生和普通读者。

图书在版编目（CIP）数据

  定制教育十五讲/唐毅兵著. —上海：上海交通大学出版社，2023.8

  ISBN 978-7-313-28839-4

  Ⅰ. ①定… Ⅱ. ①唐… Ⅲ. ①中小学教育–教育管理–研究 Ⅳ. ①G637

  中国国家版本馆 CIP 数据核字（2023）第 106862 号

定制教育十五讲
DINGZHI JIAOYU SHIWU JIANG

著　　者：唐毅兵				
出版发行：上海交通大学出版社		地　　址：上海市番禺路 951 号		
邮政编码：200030		电　　话：021-64071208		
印　　制：上海景条印刷有限公司		经　　销：全国新华书店		
开　　本：710mm×1000mm　1/16		印　　张：9.75		
字　　数：138 千字				
版　　次：2023 年 8 月第 1 版		印　　次：2023 年 8 月第 1 次印刷		
书　　号：ISBN 978-7-313-28839-4				
定　　价：68.00 元				

前言

　　随着社会的不断发展，教育已经成为每个国家和地区发展的重要基石。但是，现在的教育实践中存在很多问题，学生们的学习兴趣和动力不足，课程设置不够灵活，缺乏个性化教育，学生的个性和优势无法得到充分发挥，这使得教育机构面临着重大的挑战。为了更好地满足不同学生的需求，我们需要采用一种更加精准的定制化教育模式。《定制教育十五讲》在这样的背景下应运而生。

　　本书第一部分"学校办学篇"分为五讲，深入探讨了定制教育的相关问题。第一讲着重强调了教育教学的宗旨。教育的目标不仅仅是培养学生的知识和能力，更重要的是培养学生的个性和品德。只有全面发展学生的身心素质，才能更好地适应未来的挑战。第二讲关于精准的定制化教育教学。每个学生都有自己的特点和需求，我们需要针对每个学生的个性和特点，制订个性化的教学计划，提高教学效果和学生的学习积极性。第三讲则是定制化的管理模式。学校管理不仅仅是教育教学过程中的管理，更是为学生提供一个有序的学习环境和成长空间。学校需要采用多元化的管理模式，促进学生的全面发展。第四讲是学校整体实力的六大提升。学校整体实力的提升需要从多个方面入手，包括师资力量、教学设施、教学资源等方面。只有在整体实力提升的基础上，才能更好地满足学生的需求。第五讲是定制化课程结构。针对不同的学生群体，我们需要制订不同的课程结构，满足学生的个性化需求。只有在满足学生个性需求的前提下，才能更好地提高学生的学习效果。

教师是教育教学过程的关键，教师的发展对于整个教育体系的发展起着至关重要的作用。为了更好地促进教师的发展，本书的第二部分"教师发展篇"深入探讨了教师发展的相关问题。该篇分为五讲，分别是定制化教师发展、教师开学动员、教师开学培训、教师期末总结和教师效能可靠性分析。第六讲着重强调了定制化教师发展。每个教师都有自己的特点和需求，我们需要针对每个教师的个性和特点，制订个性化的教师发展计划，提高教师的教学水平和职业素养。第七讲是教师开学动员。每个学期开始前，学校会组织教师作开学动员，明确本学期的教学目标和要求，并对教师提出相关要求。通过动员会议，教师可以更好地了解学校的要求，提高教学质量。第八讲是教师开学培训。每个学期开始前，学校需要组织教师开学培训，提高教师的教学水平和职业素养。开学培训需要针对学校的特点和教师的需求，制订个性化的培训计划，提高教师的教学效果和职业素养。第九讲是教师期末总结。每个学期结束后，学校需要组织教师期末总结，总结本学期的教学工作，反思不足之处，制订下学期的教学计划。期末总结有助于教师不断提高自己的教学水平，更好地指导学生学习。第十讲是教师效能可靠性分析。教师效能是评估教师教学水平和职业素养的重要指标，我们需要采用科学的方法对教师效能进行可靠性分析，提高教师教学效果和职业素养。

学生成长是教育工作的重要任务，也是学校的核心工作之一。本书第三部分"学生成长篇"着眼于学生成长，从不同角度深入探讨了学生成长的相关问题。该篇分为五讲，分别是定制化的学生成长、学生开学寄语、培养学生的综合素养、智能时代的学生定制和学生教育对谈。第十一讲提出了定制化的学生成长理念。每个学生都有自己的特点和需求，学校需要针对每个学生的个性和特点，制订个性化的学生成长计划，促进学生全面发展。第十二讲是学生开学寄语。开学典礼是学校传统的活动之一，也是学生展示自己的机会。学生开学寄语需要针对学生的特点和需求，鼓励学生树立正确的人生观、价值观和世界观，引导学生追求卓越、追求梦想。第十三讲围绕培养学生的综合素养展开。学生的综合素养是指学生在各个方面的素质，包括智力、品德、体育、艺术等。我们需要通过多种方式培养学生的综合素养，帮助学生全面发展。第十四讲是"智能时代的学生定制教育"。随着信息技术的发展，我们需要更加注重学生的信息素养和创新能力。智能时代的学生定制需要采用新的教学方法和手段，促进学生的信息素养和创新能力的提升。第十五讲是关于学生教育的电视访谈实录（录入本书有删减），通过与主持人对谈，进一步介绍前海学校提出的定制教育理念，以及在该理念指导下开展的教育实践、经验总结。

《定制教育十五讲》是一本非常有价值的教育著作，深入探讨定制教育的相关问题，有助于我们更好地理解和精准掌握定制教育的核心理念和实现方法。定制教育是未来教育的一个重要发展方向，它可以为每个学生提供更加个性化的服务和支持，培养出更多具有领导力、创新精神和团队协作能力的人才。学校需要不断创新和探索，以适应教育变革的需求和社会的发展。希望在不久的将来，定制教育成为主流教育的一部分，为更多学生带来成功和幸福。在定制教育的道路上，学校需要坚持以学生为本、以人为中心的教育理念，不断推进教育的个性化和定制化，注重教育的质量和效果，注重教育的创新和变革，以更好地实现教育目标。同时，学校还需要与社会各界、家长等多方合作，形成育人的良好环境，为每个学生的成长提供更多的支持和机会。总之，定制教育是一种以学生为中心，以个性化定制为特色的教育模式，它可以帮助学生充分发掘自身的潜力，培养创新精神、领导力和团队协作能力，为未来的成功打下坚实的基础。随着社会的不断发展和教育需求的变化，定制教育将面临新的挑战和机遇，学校也要不断探索和创新，以适应新的教育模式和教学方法，让学生更好地掌握未来所需的知识和技能，更好地实现育人目标。

目录

学校办学篇

　　学校办学是一个系统性的工程，需要全面考虑教育教学、管理、课程、师资等方面的问题。本篇主要探讨了学校办学的五个方面，分别是教育教学宗旨、精准的定制化教育教学、定制化的管理模式、学校整体实力的六大提升、定制化课程结构。

　　第一讲提出了教育教学的宗旨，即让学生成为自主学习者和探究者。这需要教师在教学中注重培养学生的探究精神和创新思维，鼓励学生主动学习和思考。第二讲是精准的定制化教育教学，该讲强调了学校需要根据学生的个性和需求，制订个性化的教育教学计划，为学生提供定制化的教学服务。第三讲是定制化的管理模式，该讲提出了学校需要建立个性化的管理模式，采用多种手段和方式，促进学生的全面发展和成长。第四讲是学校整体实力的六大提升，包括教育教学质量、师资队伍建设、学校文化建设、学生管理、课程设置和校园环境建设。这些方面都是学校办学的重点，需要不断地提升学校整体实力。第五讲是定制化课程结构，该讲介绍了学校需要根据学生的需求和特点，制订个性化的课程结构，帮助学生全面发展，实现自我价值。

　　本篇主要探讨了学校办学的五个方面，提出了一系列具有实际操作性的建议和方法，为学校的办学提供了有力的支持和指导。学校需要注重教育教学的宗旨，采用定制化的教育教学和管理模式，全面提升学校的整体实力，实现学生的全面发展和成长。

教育教学宗旨

今天我们通过视频的方式来给大家做一个开学的讲座。2020 年，疫情给我们的教育教学带来了一个非常大的挑战，无论是在教育、教学还是管理上，我们都需要去思考，未来的教育教学内容，教学形式，是不是应该有一个新的变革？前海学校发展已走过 16 年，这 16 年的发展也让学校进入了青年时代，按照国家每五年一个发展规划，我们现在可以说是进入了第四个规划周期，那么在新的五年发展阶段，我们前海学校的未来是什么样的？我们将朝哪个方向去努力？这都需要大家一起来思考、来策划。通过之前一个多学期的研究、调研以及数据分析，我对我们前海学校未来五年拟订了一个战略性的发展框架。

鉴于我们不能够面对面一起来研讨，所以，我把这个战略性的框架以讲座的形式来跟大家交流。会后各个部门行政负责人、各学科教师、年级组长、教研组长等都可以按照我这里所讲的内容分章节，去观看学习，然后给出一些建议和想法，供大家一起来参考。最后我们会把这个框架交职代会讨论，通过以后，再正式颁布。

今天第一讲，我的题目是：教育教学宗旨。我们将前海学校的教育教学宗旨定为"定制教育，成就每个孩子的奇迹"。为什么？这里面有三个方面的原因。

第一个原因，在于教育的根源。先贤孔子很早之前就提出过因材施教这么一个重要的理念。我们在《论语·先进篇》里面可以看到这么一个故事。

子路问："闻斯行诸?"子曰："有父兄在，如之何其闻斯行之?"冉有问："闻斯行诸?"子曰："闻斯行之。"公西华曰："由也问闻斯行诸，子曰，'有父兄在'；求也问闻斯行诸，子曰，'闻斯行之'。赤也惑，敢问。"子曰："求也退，故进之；由也兼人，故退之。"

用现代文翻译的话——

子路问："听到了应当做的事情就要立刻去做吗?"孔子说："有父亲兄弟在，怎么能听到就立刻去做呢?"冉有问："听到了就行动起来吗?"孔子说："听到了就行动起来。"公西华说："仲由问'听到了就行动起来吗?'你回答说'有父兄健在'，冉求问'听到了就行动起来吗?'你回答'听到了就行动起来'。我被弄糊涂了，敢再问个明白。"孔子说："冉求平日做事退缩，所以我激励他；仲由好勇胜人，所以我要压压他。"

这是孔子把中庸思想贯穿于教育实践中的一个具体事例。对于同一个问题，孔子针对子路与冉求的不同情况作了不同回答，生动地反映了孔子教育方法的一个特点，即因材施教。在我们的教学之中，在我们的教育过程之中，也经常会遇到这样的情况，学生提出的问题，我们给出的答案是否是一个统一的标准?

孔子的解答用大白话说："因为人是不一样的，子路他脾气不好，性格急躁，需要有人多给他建议，以防他太急躁了出问题。所以我要他多听听人家的意见。那另一个学生呢，性格比较懦弱，犹豫不决，做事不敢下决心，所以我就让他马上行动，以增加他的自信心，让他有担当，有能力去做一些好的事情，每个人的潜质是不一样的。"

所以即使是同一个问题，我们针对不同的人，教育教学方法也可以是不一样的。我们因材施教，因就是依据；材就是学生本来的材质潜能；施就是施加；教就是教育。这种思想已经影响到世界上很多的教育教学理论专家，包括我们大家非常熟悉的儿童心理学家皮亚杰，在他的认知理论里面也专门提到要依据学生的不同潜能去施加不同的教育教学方法，国际经济合作与发展组织（OECD）在关于世界教育15项行动里面，也专门强调了在未来教育里面，要重点关注的是公平和包容。所谓公平，就是让每个人都能够接受到相应的教育。所谓包容，是指我们要允许不同的学生接受到不同的教育，因为每个人的接受能力和方法可能是不一样的。我们要去包容这种结果，这也是我们把学校教育教学理念定位"定制教育，成就每个人的奇迹"的第一个原因。

第二个原因，工业 4.0 时代对教育的需求。大家都知道在我们进入工业化时代之前，世界上大多数地方以农耕为主。在农耕时代，教育只是少数人的专属，没有形成大规模的普众性的教育方式。所以我们看到，过去都是有钱人才去读私塾，在西方，一般是请那些有才干的人到家里来给孩子们教学。

到了工业化时代，教育的大众化开始了，才形成我们现在所看到的这种班级教学模式。工业化时代发展到今天，如果我们来区分的话，可以说是经历了 4 个阶段。

工业 1.0 时代，从 18 世纪末到 19 世纪中叶，以蒸汽机为代表的机械化生产方式是其主要特征。这个时代的生产，工厂规模不大，技术含量不高，主要依赖人力劳动，劳动力成本相对较低。社会以农民或手工业者为主，他们缺乏相应的技术和知识储备。当时的教育大多由教会或私人资助，以传授基本阅读、写作和算术技能为主，很少涉及工程和科学知识的培训。

工业 2.0 时代，从 19 世纪中叶到 20 世纪中叶，以电力和装配线生产为代表的大规模机械化生产方式是其主要特征。这个时代的生产，工厂规模不断扩大，技术含量也有所提高，对技术人才的需求增加，出现了专门培养工程师、技师等人才的职业教育机构，以及工程和职业学校。这些学校主要传授实用的工程技能和科学知识，为社会培养了大量的技术人才和工程师，

工业 3.0 时代，从 20 世纪中叶到 21 世纪初，以电子技术和自动化生产为代表的智能化生产方式是其主要特征。这个时代的生产工艺更为精细，机器人、计算机等高科技产品逐渐普及，对高技能人才的需求增多。这个时期出现了许多研究生院和高等教育机构，培养了大量的工程师、科学家和技术人才。同时，基础科学的研究也变得更为重要。

工业 4.0 时代，21 世纪以来至今，以互联网、物联网、大数据和人工智能为代表的智能化、数字化、网络化和个性化生产方式是其主要特征。这个时代的生产过程更加智能化，需要更多的跨学科人才和创新型人才，包括具备高度技术素养和信息素养的工程师、数据分析师、人工智能专家等。随着工业 4.0 时代的到来，越来越多的国家开始注重STEM（科学、技术、工程、数学）教育，旨在培养跨学科的工程师和科学家。此外，越来越多的教育机构开始注重培养创新型人才，通过创新创业教育、科技创新竞赛等形式，培养学生的创新能力和创业精神。工业 4.0 时代技术的应用使得智能家居成为现实。大家熟悉的，比如，现在人们可以通过智能家居控制中心来控制家里的电器设备，像智能灯泡、智能插座、智能门锁、智能窗帘等。这些设备可以通过手机 App 或者语音助手来实现远程控制和智能化管理，提高了家居的舒适度和安全性。这就是一个定制的模式。它的大数据应用使得我们的生活越来越精准，越来越个性化。还有，现在选择开车出行的人越来越多了，工业4.0 技术的应用推动了智能交通的发展。智能交通系统可以通过感应设备、摄像头等技术实现智能化交通管理和安全保障，例如智能交通信号灯、智能停车系统、智能路灯等，大大提高了道路交通的效率和安全性。这就是工业 4.0 时代给大家带来的大数据定制模式。

那么，从工业 1.0 时代到工业 4.0 时代的变化，对我们的教育有什么影响呢？可以这么认为，最开始的工业 1.0 时代，就是我刚才说的，属于一个知识的普遍传授模式，它需要的是我们现在看到的大班制授课模式，它是高效的，有意义的。随着 2.0、3.0 时代的到来，我们就发现教育越来越倾向于对精品教育的追求。那么到了如今 4.0 时代，我们就发现教育正走向一种面向未来个性化需求的发展模式。时代在变，教育也在变。随着工业革命的不断发展，教育模式也在不断适应和变革，未来我们亟须培养更加高素质的跨学科和创新型人才，以适应工业发展的需求。这是第二个原因，工业 4.0 时代要求我们的教育做出改变以适应时代发展的需要。

第三个原因，新时代国家对我们义务教育的要求。从党的十九大到全国教育大会，都对教育提出了非常明确非常清晰的要求。我把 2020 年

1月全国教育工作会议的7项要求总结了一下，大家听一听，其中很多要求跟我们刚才所提的人才需求是密切相关的。

第一，坚持和完善党对教育工作全面领导的制度体系。

第二，提升落实立德树人根本任务的针对性实效性，对准"五育并举"体系中的短板弱项，保持定力、持续用力、精准发力。

第三，聚焦义务教育有保障这一核心目标。大家看到现在我们在做大量的扶贫工作，教育扶贫，我们学校也有老师陆陆续续去一些边远地区进行教育扶贫。

第四，建服务全民终身学习的教育体系。

第五，推动教育改革开放实现新突破。教育的改革，要把教育信息化与因材施教进行深度融合。

第六，全面加强教师队伍建设。

第七，坚定不移落实教育优先发展战略地位。

刚才我们从历史、经济、社会发展需求，从时代、国家对教育的要求等方面回顾了教育的发展，可以感受得到，未来教育将逐步向个性化，即定制这个模式推进。

那么，我们来回顾一下，前海学校这10多年里，教育理念是如何发展传承的，我们又该如何去把它延续和发扬下去。我回顾了一下，学校提出过"四会五能"这么一个教育理念，那是在前任校长期间。四会：会做人、会求知、会办事、会生活。五能：能写一手好字，能写一篇好文章，能说一口流利英语，能演奏一种乐器，能掌握一项健身技能。这是最开始学校的一个理念。到了中期，学校提出了博约教育思想，这个理论来源于《论语·雍也》"博学于文，约之以礼"。它对学生的道、义方面进行了比较严格的规范。

这些理念的发展，结合了我们学校的成长需要，也结合了经济和社会发展的需要，对我们学生来说，定位是非常精准的。现在，我们提出了定制教育的思想，让每个学生都成就自己的奇迹。那么，究竟什么是定制教育？又怎样才能成就学生创造属于他们的奇迹呢？

今天第一讲先到此为止。

精准的定制化教育教学

之前我给大家分享过学校的教育理念"定制教育，成就每个人的奇迹"的来源根基。今天我们就一起来了解一下定制教育到底是什么，它包括什么内容，我们如何去应用它。这个概念是五年前我在全国港澳校长论坛上第一次提出来的，目前关于定制教育已经有一些校长们陆陆续续在理论和应用上做探索和试验。

那么我提出的定制指的是什么？过去在教育中大家知道有这么一种现象，就是在大班级课程上，面对 40～50 个孩子，要想解决每一个学生的问题，老师的难度非常大，因为我们在时间、空间上都有限制，没法办到。大量的学生，让我们也没法做到在一定的时间内针对每个孩子的问题来思考解决之策。所以有一些老教师会凭着经验来给孩子们解决一些他们特殊的问题和困难，但是新教师就做不到。怎样让我们的老师快速地了解学生，给孩子们解决问题？上一讲给大家说到的工业 4.0 时代，物联互联网大数据给我们带来了极大的便利，定制教育指的就是我们运用大数据，根据学生的潜质、喜好以及需求，定制个性化的教育，从而摆脱同质化工厂模式的这种教育方式。

在定制教育中，我们让每个学生的个性潜能都彰显出来，给每个受教育者创造良好的环境，让学生的个性得以牵引，将智慧和资源充实进去，让学生的个性与学习环境达到一种动态的平衡，形成一种健康、自信、充实的个性发展环境，最大限度激发学生学习兴趣，提高学生学习效率，实现量身定制的自我成长、自我超越和自我实现。

首先我从教学来说。这里我给一个概念，就是三定三制，即 3C3M（定，confirm；制，make。故三定三制也简称为 3C3M）。等一下我会具体说到哪"三定"、哪"三制"。在教学上，我们通过将信息技术融入课程体系的各个元素，为学生提供真实意义的学习经历，并由此获得了丰富的教学经验。未来，我们将用信息技术来撬动学习方式的变革，让学生可以自主个性化地学习，让每个老师对学生可以进行真正的因材施教。

由此，三定三制就成了我们课堂教学的一种思路和方式。刚才讲了"定"是三个方面，第一个定，是定基础，用数据分析来了解学生的个性特征，确认学生在该学科的认知水平。第二个定，是定需求，从国家课程标准到社会需求，从家长对孩子的意愿，到孩子自身的发展和兴趣爱好，由此确定一个从个体到整体的需求环境。第三个定，定学生的个性目标，结合刚才上面两个"定"，我们依据课堂教学内容安排和标准设计三个层面的需求。

第一个层面是最基本的，也是人人都能过关的基础层次。即无论你是谁，基础如何，潜质如何，我们按照国家标准设计一个最基本的，人人可过关的个性目标，这就是定学生目标里面的第一个层次。

第二个层面是提升性的，也是大部分学生都能够达标的层次。这一层次的要求是按照学生的主流状况来定的。比方说前海片区的要求，深圳市对学生的基本需求，在高于国家最低标准的情况下，我们有一个提升。

第三个层面就高级一点了，是需要创新"烧脑"的。而且，我们会根据学生的不同要求，在周期内进行动态调整。

简单来说，我们至少有三个层面的学生个性目标，也就是，先让我们的孩子满足最基本的要求，然后根据他的情况，让他努力去做到通常可以达到的要求，最后慢慢提升。从最高的层面来说，要根据学生特质，判断哪一些是他要跳起来才能够达到的层次，这就是创新的方面。这就是"三定"：定学生的基础，定他的需求，定他的个性目标。对不同的学生，从哪一个层面去确定，是我们教师应该掌握的。

有了"三定"以后，接着我们来讲"三制"。"三制"是什么呢？

第一个制，制课程。在国家和地方整体的课程体系下，我们如何来选择相应的教学内容和素材？比如提供的素材，哪一些是常规的？哪一些是老师要讲解的？哪一些是学生可以通过工具书来自学的？比如这一次疫情期间的云课堂，我们老师给学生提供的学习资料就是分不同层面的，这就是制课程。

第二个制，制教学，即制定教学方式。根据选择的课程内容，我们要进行一个有效的整合，确定不同的教学方式。根据教学的内容、学生的学情，我们研究出最有效的教学方式，哪一些可以通过现代技术进行实景模拟？哪一些可以实时通过资源展示？哪一些需要我们去讲授知识的难点重点？哪一些是可以学生温故知新，自我习得的？哪一些项目是要学生去分组研讨，进行项目式学习的？还有哪一些是他们可以通过社团方式去创新，集思广益，形成团队合作的？等等。这就是制定不同的教学方式。

第三制，制评价。一堂课，我们怎么去评价它？学生的学习如何去评价？在过去我们最基本最简单的方式就是考试，这是评价的一个模块，是不能少的。我们还有更多的评价方式，比如课堂上的现场评价，达成的，表扬鼓励；没达成的，同伴互助，帮助其完成。此外，作业也是分层考评的。根据刚才提到的"三定"的个性目标，我们还可以对学生学习情况设计一个自我达成的标准，并通过对目标等级的调整，设计动态的需求变化。举个例子，我们在制评价的时候，面前有 a 学生、b 学生、c 学生。在数学学科的学习上，这三个孩子根据我前面的"三定"，以及我制定的教学内容、教学方法，得出的评价可能是不一样的。我经过大数据分析，发现 a 学生在一套试卷上能获得 80 分，就已经是他最优秀的表现了；b 学生在同一套练习卷上，获得 90 分才是他的基本能力表现；而 c 学生做这套卷子，可能及格就已经是非常了不得的状态了。所以我们在评价的时候，也可以用这种方式，就是分学生的不同层面来定制评价标准。

怎么定制评价标准呢？比如，刚才 a 学生，我给他的数学考核标准是 80 分及格，85 分良好，90 分优秀。b 学生的标准是 90 分及格，95 分良好，98 分优秀。c 学生的标准是 60 分及格，65 分良好，70 分优秀。我曾经做过这种尝试。当时确实有家长，包括孩子本人和同学会有这种顾虑，说老师我都比他考了多 10 分，你给我及格，他比我还少 10 分，你就给他良好，这不公平。好像是不公平，这在我们评价里面来说，是因为学生的个性需求和目标层次是不一样的。这有什么好处？它对孩子的潜能和发展是有益的，孩子们在自己整个学习成长过程里面，会更有兴趣，更有自信，否则他永远处于一种，"反正我每次只能考到五六十分，你们的七八十分我永远达不到，我干脆不学了，反正我达不到，反正我是差生，反正我学不好，因为我永远是不及格，永远是最差"。这个就是我们讲的，考评要分等次。

在作业布置里面也可以分层。跟我刚才讲的类似，第一个层面就是我们全部要达到的最基本的要求。就是说，你学得再好，学得再差，这 50 分的题你都应该要会，这是对全体的要求。然后对三分之二以上的学生，我要求他们达到 70—80 分相对应的练习需求，剩下的 10—20 分的那种练习题是专门给个别学生备用的，可能就 2 个、3 个或者 5 个学生。这三五个人要做出练习卷中最难的 10—20 分的练习，才符合我的要求。而全班的最低要求是做到第一个层面那 50 分的题，对于某些学生来说，你那些题我可以不检查，所以也避免我们在改作业的时候，老师说"我一个班四五十个孩子，两个班将近 100 个孩子，我要全部无差别批改，工作量很大"。而且很多时候你会发现有一些题是不需要改的，但是你不改不行，家长说"你为什么不改我孩子的作业？"校长批评你，说"为什么你不改作业？"因为你没有去做分层的一个调整。你要改的是什么？第一层的学生这 50 分你通改，第二层的学生七八十分的题要改，最高那个层面的，你只改他一二十分的那个部分，其他的不用改。

那你制定评价的时候，就要给他一个标准，学生就明白哪些是我肯定要过关的，不需要老师考核，我要解决的就是这个层面。这样的话，学生的学习和我们的教学就能够有一个比较良好的互动。上面这个例子是我用来说明"三定三制"教学模式的。

关于我们未来的课堂，我提出了一个五维课堂模式，哪五维？

第一个维度，本。它也是最基本的维度，指我们的教材。教师教育教学目标的核心是让每个学生在教材范围内掌握最基本的知识，以达成最基本的"本"。

第二个维度，纲。我们每个教师对自己教学的内容需要进行通盘的了解。我教小学一年级，我要对小学最少三年，乃至六年的教学内容、教学大纲有清楚的了解。我教中学初一，我要对初中这三年的相关知识都要有个了解。我们学校现在从幼儿园到小学到初中都有，这给我们提供了一个非常便利的空间，方便对课程的连续性做一个了解。你只有系统地了解了，才能够明白这个阶段我给这些孩子一个什么程度的教育教学，才会发现那些经过循环教学的教师，在把握纲领的时候是怎么做到游刃有余的。所以这是第二个维度，纲。教师依据课程整体大纲，探索连贯系统的教育教学模式，就不会出现问题。

第三个维度，度。进入刚才我们讲的"三定三制"里面，学生所处层面，学生的不同基础、不同特质，决定你如何根据他们的特点去定制学生相应的学习进度、学习内容、学习考评。

第四个维度，时。时空维度，这个维度指的是什么？在第一讲里面我跟大家分享过，我们在工业初级阶段需要的是大面积整体式的集中的教育教学，也就是课堂模式。现代科技的发展、知识的扩容已经让我们的学习远远地突破了教室这个物理空间。我们获取知识的来源已经远远突破了教室的时空维度，就像我们这次的云课堂一样，我们不一定要聚在教室，我们可以通过网络让时间有一个改变，我一节课在课堂上是40—45分钟，在云课堂中可以分解成5分钟、10分钟、20分钟，时间就错开了。那么在今后的课堂里面，我们也需要有这么一种对时空的跨越。

第五个维度，界。我们在教学中通常会做这样的理解：我教的是语文，跟数学相关的，跟体育相关的，跟音乐相关的，等等，那不是我的学科，我只讲语文。我是数学老师，我只讲跟数学相关的事情，其他的，跟我这个不相关。于是就造成了我们在实际学习过程之中，很多内容本身是相联系的。结果我们课程的模式把它分解了，断开了。于是学生理解认识就成了片面性的，就不具有这种融合性和整体观，认识也就不全面了。所以我们要把这些边界给打破和突破。我这个内容，无论是语文学科，还是我讲的数学学科，还是音乐学科，只要跟此相关的，我都要让它结合起来，融合到课程里面，给到学生，这样他的认识就会提升，教学效果也会更好。

我们未来的课堂要有这五个维度的突破，从最基本的"本"，到"纲""度"，再到"时""界"，这五个突破可以让我们定制课堂达到真正的有效，真正地实现因材施教。

今天这一讲，我就把这么一个概念、框架和定制教育具体的方面与大家进行了一个交流。之后，通过课题研究的方式，我会给大家讲一些具体的操作和应用。

定制化的管理模式

今天这一讲我主要给大家介绍一下前海学校未来的管理模式，也就是怎样提高管理效能的问题。这也是对各位老师期待的回应。

上学期末，学校对中层干部做了调整，我看到一些老同志在述职中表达了对学校发展的期望，也看到一些新的同志表态，要为前海学校的发展做出自己的努力和贡献。大家都知道，学校新成立了六大中心，分别是党务行政中心、课程教学中心、学生成长中心、安全服务中心、教师文化中心、幼儿教育中心。这六大中心未来怎么运作？怎么跟老师的教学相衔接？怎么把学校的办学理念在实践中落实？

过去我们说一个好的校长就能成就一所好的学校，但无论校长多好，最终还是要落实到一线来实施。所以学校的发展跟我们每一个老师都是息息相关的。学校的管理是上下相互联动的，它主要的思路是这样的：校长是学校的掌舵人，这是大家知道的，实际上也就是全面负责。在校长负责制下，由副校长来支持和配合校长的工作，但工作思路或者办学思想，是集体讨论、交流之后形成共识，再进行落实的，这一点大家要非常清晰。

中层干部在管理之中起到上联下接的作用，他们要把上级，包括区、市、校领导，给大家的工作先进行系统化处理，再跟我们的老师对接，安排怎样去具体落实，所以他们是出方案、出细则的一方。

接下来就到年级组，年级组就相当于一支支战斗部队，一线就是靠我们的年级组来指挥的。所有的工作最后都会落到各个年级，年级组长需要把这些工作在年级里面协调好、安排好，一一落实。班级是最基本的战斗团队，来具体落实相关工作。

从管理框架上来讲，学校党总支先形成一个统一的观点和认识，由此制定战略决策，然后，由中层按照这个策略来布置落实，制订相应的方案。接着，各个年级到班级具体地落实。这是一个整体的框架模式。在实践中，为了提高效率，我们在学校管理中提出了"三分科层七分扁平"的概念。

什么叫"三分科层"？所谓科层就是刚才我们讲的管理框架中的逻辑关系，或者叫隶属关系，但是它在管理之中，只占三分。"扁平"指的是什么呢？指的是我们在实际工作之中形成的网格化的联动，它在管理中起主要作用。扁平组织做得好，可以避免一件事情签字、请示，花很长时间才能解决的弊端，大大提高管理的效率。

国际研究发现，在各个管理机构里面，最高效的管理是 6—8 个格点。什么意思？打个比方，我作为校长，要管好一所学校，怎么管？我们学校有教职员工 300 多人，我把每个人都领到我这里来布置任务的话，无论是精力上还是时间上都做不到。最好的方式其实是，我管 6—8 个人，也就是我管好我们这六个中心的主任和几个副校长。

中层干部他们分解下去也是一样的，他们也要管好自己下面一条线的 6—8 个格点。比如教学中心，它需要对各个学科的学科组长进行管理，他把每个学科组管好了，那么工作就好做了。同样的，再下去你是学科组长，就要把这个学科的备课组长，把我这个年级里面把我学段里面的老师给管好。

那么我们学校新成立的六大中心，职能是什么呢？我们在工作中具体的事情，跟谁去对接？下面我就这六大中心的职能和相关工作细节，跟大家进行说明。

第一，党务行政中心，也就是过去我们的党政办公室。它的职能，包括人事、工作、工资、档案以及文件上传下达、职称评聘等，工会也在这里，学校的党总支，支部党建工作都在这里，它就是一个枢纽，起上传下达的作用。

第二，课程教学中心，也就是我们说的教学第一线。课程和教学我们把它放在一起，所以中心的职责比较繁重。课程教学、学校成长，这一块是我们未来发展一个非常重要的领域。

在后续的讲话里面，我会把课程建设的一些内容跟大家做一些说明。

第三，学生成长中心，也就是过去的德育工作部门。现在学生处、大队部和少先队的一些工作，还有心理健康教育，都属于学生成长中心的职责范围。这个中心的任务是什么？在教育教学之中，重点负责学生的成长。大家注意这里的用词"学生的成长"，这个中心要帮助学生在学校几年不断得到提升，至于一些具体工作，我在后续里面也会做一些讲解。

第四，安全服务中心。这个中心以什么工作为重点？一是学校的安全；二是学校的后勤工作，包括水电、物资、人员进出管理等。

第五，教师文化中心。这个中心的职责包括学校的教师培训、课题研究、文化建设，等等。

第六，幼儿教育中心，也是最后一个中心，是我们学校新成立的。可能有的老师还不知道，我们2020年接收了一个幼儿园，使之成为公办。于是我们学校也就从九年制变成了十二年制，就是集幼儿园、小学、中学于一体的十二年一贯制公立学校了。

这是六个中心的职责和相关情况，以后大家就知道相应的工作要去找哪个部门了。

在这个基础上，我们把年级组做了一个提升。过去，中学是每个年级设一个年级组长，小学是两个年级设一个年级组长，上学期末我们在小学每个年级也都设了一个组长，名单已经公示过。以后，希望大家积极支持和配合这些中心主任以及年级组长的工作。

副校长里面，一位主要负责学校党务和办公室工作；另一位主要负责学校课程建设中心和教师文化中心工作、初中部的常规工作，以及学校的财务工作；还有一位主要负责学生成长中心、幼教中心以及小学部的常规工作。

在这种管理模式下，刚才我们说到六大中心各自的职责，其中，课程教学中心和学生成长中心是一线的最重要的实践部门，也是跟我们老师接触最多的。党务行政中心和安全服务中心是属于学校工作的一个支撑支持连接部门，给我们的更多是服务和提升。教师文化中心主要在研究策略和文化建设方面，给予我们更多的指引和策略。

那么在今后的工作之中，我们的老师们、年级组长们手上各种各样的事情，怎么样去办理呢？我听谁的，怎么样去接受指令，怎么样去落实，对谁负责？这就是刚才我讲到的课程中扁平的管理模式。通常情况下，校长的指示通过党总支会议发布到各个中心部门去落实，各个中心按照学校的总策略制订相关方案，然后跟年级班级去对接，年级组长就按照运作模式去落实。这是指令的接收。

在运行之中，我强调一下，可以进行越级的检查汇报，但是不能越级地去指挥。这是什么意思？比如，我们六一儿童节要策划一个活动。学生成长中心这边做了安排，年级组也去落实了。那么，在这个过程之中，也许我们要有一些检查，校长也好，副校长也好，可能会安排一些人，或者我自己去看一看这个事情是怎么落实的，进展如何了，是不是到位了。我也可能会找班主任，或者老师来听听汇报，这个工作你们是怎么做的，你们在工作之中有没有遇到什么问题，或者对这个活动是不是还有什么想法建议。

但是你们不必什么事都到我这儿来汇报，这样会把中心主任和年级组长的安排打乱。你遇到事情，先跟中心主任、年级组长或具体安排的人汇报，这样的话，反馈会更加有效，避免我们东一榔头西一棒槌地做事情。大家注意这个工作的节奏。学校在管理之中是以教育教学为主的，所以很多时候大家会发现，最终工作都会落实到老师的身上。

所以我们各自要有这种责任心，也就是我在上学期末跟大家提到的权责利，要把它对接起来，无论是谁都有自己的权利，你不要说我班主任有啥权利，我一个任课老师有啥权利，都有权利，有大有小，方向不一样，有权利你就有责任，你要在你的权利范围内做好你自己的事情，承担相应的责任。我们无论是谁，都可能会遇到一些事情，千万不要觉得这个不是我的事情，这个跟我无关。

我们说一岗双责，这个"双"是多维的。举个例子，我在学校走，甚至我在学校周边看到了我们学校学生调皮捣蛋的现象，"你看，这不是我班学生，跟我无关"；看学生乱扔垃圾，"我反正又不是班主任，跟我无关"；看到了学生打架，"我又不是德育主任，这跟我无关"，等等，这都是错误的认识。我们说的一岗双责，就是只要你见到了，你遇到了，都需要去及时地应对。应对的方式很多，你说我制止不了，我不认识他，他不听我的，没关系，你马上汇报。跟相关的年级组长汇报，由他们找到对应的人员来解决。我们讲的工作的权责利要相统一，那么在今后的管理工作之中，比如职称评定、评先、评优，等等，都会有相应的考量在里面。

今天主要跟大家简单地把学校管理机构的模式和职责，以及我们每一个人在管理运行之中应持有的思路和策略，做一个说明。

学校整体实力的六大提升

今天这一讲我想跟大家沟通一下学校的未来发展规划，也就是未来我们前海学校要努力提升到什么高度，要在哪些方面具有影响力。我们既然说南山教育要走向世界一流，那前海这个地理位置的学校就更加应该向一流看齐。怎样成为一流？哪些方面能够体现？这就是我这一讲要跟大家沟通的。我想跟大家提六个方面整体实力的提升。

第一，自然力的提升。什么是自然力的提升？前海学校的地理位置是非常优越的，这个优势我们要利用起来，把社会资源进行一个综合的使用，把规模控制和发展做一个平衡和协调，这就是我想说的自然力的提升。

第二，思想力的提升。也就是说，学校教师、学生的认知价值观要有一个提升，学校对优秀教师以及优秀学生的吸引力要有一个提升，师生对学校发展能量的输入越来越强，学校对外界对同行能量的输出越来越强。这就是思想力的提升。

第三，文化力的提升。也就是说，学校在整体文化设计的谋划协调方面要有一个新的变化。学校的品牌建设、形象设计、文化用品、标识、校徽、校歌、吉祥物、一训三风等，其内涵要有一个新的升华。

第四，教师力的提升。也就是说，教师结构要优化，各类教师发展平台的搭建要越来越丰富，要形成以前海学校为核心的同盟体。教师的专业培训、技术应用要有提升，名师的质和量要有变化，教师对外的影响力也要有变化。

第五，科技力的提升。也就是说，学校信息技术的智慧平台建设，大数据的应用，物联网信息处理以及其在课堂和管理中的实践，现代化设备以及软件的开发及使用等，要有一个新的提升。

第六，课程力的提升。学校的课程，包括国家课程的高质量实施，学校课程的多维度、系列化、具体化以及特色化的评价，要形成一个整体的规模。

这就是学校在整体实力上要有的六大提升，做到这六个方面的提升才能响应一流教育实名。如何做到或者评估是否做到这些提升呢？我们设计了一些具体的数据和要求，当然，这些数据和要求只是我们现阶段一个设想，我先提出来跟大家探讨一下。

第一，国际化课程项目应用，在这几年要有 3—5 门。

第二，学校特色校本课程开发要有 30 门以上。

第三，学校的绿化覆盖率要达到 70％以上。

第四，学生体能测试合格率、优秀率要逐年上升，绝对不能低于区平均成绩。

第五，小学没有考试，没有类似初中的中考。所以在学业成绩抽测中，我们必须达到片区中上水平，这是一个硬性的提升。

第六，中考成绩以及高中名校输出率，要有一个明显的提升。我这里暂时不用具体数据来说，也是避免一些外围的影响，但是我们内部会做一些控制。

第七，校园智能化管理覆盖率达到 95％以上。原则上实行无纸化办公。

第八，教师的智慧课堂，智能教学与科研的使用率达到 95％以上。在今后的管理中，我会把这方面细致的内容提供给大家。现在这个只是总体的框架要求。

第九，教师能力方面，教师学历提升及研究生比例，全校要达到40％以上；教师参与课题研究率要达 80％以上；区级以上的"名师""名班主任"等，要达到 50％以上。

第十，学生社团参与率100％，学校品牌社团不能少于20个，建立国际姊妹校3—4所，学生国内外游学交流率也要有提升，这个数据暂时不定，不做强制要求。但是我们要有这方面的意识，就是一些核心的指标数要有提升。

今天这一讲简单地介绍了学校在未来发展中向一流教育迈进的一些考虑，当然，学校发展涉及面很广，有些参数或许我这里没有提到，但是我们在实践中是不能忽略的。

定制化课程结构

这一讲我跟大家一起来分解一下我们在课程结构上是如何设计和考虑的。过去我们是九年一贯制学校，2020年增加了幼儿园，现在是十二年一贯制学校了。那么，我们就要考虑这12年，给学生提供什么样的课程，这是一个非常重要的内容。好的课程能够让学校走向不一样的路途。我们想要用好这个一贯制的模式，就必须使我们的课程设计具有连贯性。所以我初步考虑了这么一个结构。

学前三年，也就是幼儿园三年，我们主要对孩子们进行体能和认知的训练，培养他们养成好的行为习惯，养成规范意识。

小学，常规是六年制，我们在课程结构上做了一个调整，小学5年完成国家义务教育小学阶段的课程，完成学校定制的5大体系课程，掌握部分特色课程。换句话说，我们要把过去6年孩子们学习的内容调整为5年来完成，但是不能加重孩子们的学习负担。那么，第六年干什么呢？第六年合到中学，这样中学相当于"3＋1"模式，有了4年。这4年，前三年完成国家义务教育的初中阶段课程，完成学校定制的4大体系课程，并且要在最后一年达到中考的目标，这就是我们12年的分解模式，前面3年幼教，中间5年完成小学课时，后续4年完成中学课时。刚才我们提到，学校要定制小学、初中各个层面的体系课程，这些体系课程指的是什么？就是——内容，考核要求以及评价。也是我接下来要说的，通过"四点半课堂"来完成我们特制的学院课程。

所谓学院课程，总结起来，就两句话。第一句话，"九级九能"，也就是一个年级掌握一项基本的技能，或者说是能力课程。第二句话，"普及＋特色"，也就是一个年级至少有一门基本的普及课程，在此基础上，再开设各个年级的特色课程。这些课程会在我下面要说的学院课程里面体现出来。

我们即将要完善的学校这些定制的学院课程，有哪些呢？

第一，文学院课程，包括我们所说的国学朗读、表述阅读、诗词秀、经典阅读、名人故事演讲、创意写作、金话筒等，主要是文学类课程。

第二，理学院课程，主要包括趣味七巧板、思维导读魔方、数算九宫格、学科考试等。理学院课程主要在中学部分。

第三，科学院课程，包括科技、创客、编程头脑奥林匹克、种植、养殖、木工、小发明、小创作等。

第四，社学院课程，包括社区服务、社会调查、信息技术、心理、烹饪、服装、劳动等。

第五，体学院课程，包括篮球、足球、乒乓球、棒球、羽毛球、游泳、跳绳、田径、街舞、棋类项目等。

第六，艺学院课程，包括声乐、合唱、舞蹈、芭蕾、民乐、戏院、美术、书法、动漫、摄影、版画、竖笛、设计等，主要是艺术类课程。

第七，国际学院课程。国际学院学什么？戏剧、配音、游学、国际化、文化礼仪等。这里要提一句，游学课程在我们今后的课程实施里面会加大力度。目前我们的游学课程只有之前的军训和春游社会实践这一类，将来我们会扩大游学课程。

我们学校的社团，里面有一些特色、定点的课程，今后会渗透在这些学院课程里面。刚才我讲的不一定全，但是框架基本上是这样的。这就是我们通过"四点半课堂"来完成的学业课程。学生在小学 5 年，中学 4 年里面要"九级九能""普及＋特色"，去学习这些。这就是给我们孩子定制的不同学习课程，能够让他们更有效地发挥自己的潜能。

课堂的方式也会有一定的调整和改变。第一讲里面我跟大家说过，在工业 1.0 时代、工业 2.0 时代，我们的有效教学方式是合班制，就是大班制。随着工业 4.0 时代的到来，为适应现实需要，学生的定制化学习需求越来越突出，于是课堂也就出现了 5 个维度的变化。

在这种情况下，我们目前这种标准化的 40—45 分钟的大班课程，课堂可能会有一些变化。哪些变化？我举几个例子。一是低年段的包班制，一个班由于学的内容相通性比较多，可能包班制会更有效。二是学科融合制，在一些基本的课程里面，学院课程里面，内容是涉及多学科的，所以在学习的过程中，要考虑到学科之间的融合，可能这个课程不是某一个老师在上，而是两三位老师合作来给学生们做引领。三是长短课时。有的课我们可能需要 1—2 个小时才能完成，而有的课我们可能只需要半个小时或 20 分钟就能够结束。那么在一些特色课程里面，我们就要采用长短课时。四是特色班级模式，我们根据同类学生的共同需求，建立这一类学生的一个特色班级。比如我刚才讲的，在游学过程中，我们可能会有这种游学班级；在信息化方面，我们可能会有电脑特色班级；在语言方面有特色的，我们可能会有国际化班级，等等。五是走班制。在学生的学习过程之中，可能会出现不同的学生对所学有不同的需求。此时我们会根据学生的水平，让学生去自我选择不同的班级来学习。比如数学课，我讲的内容比较深奥，那么可能就有十几二十个孩子来我这个班学习；另一个老师是针对学科知识基本概念来讲解的，那么也有一部分孩子可能专门选他这个班级。

我们通过包班、学科融合、长短课时、特色班、走班制这一类课堂方式来完成给孩子们定制的这几大类学院课程，以达到我们给孩子们提供充分的、完整的、符合孩子们未来发展的课程体系。这就是今天我跟大家分享的，如何去分解和运作定制化课程结构的问题。

教师发展篇

　　教师是学校教育教学工作的核心力量，其发展水平直接影响着学校教育教学质量。本章主要探讨教师的发展问题，包括定制化的教师发展、教师开学动员、教师开学培训、教师期末总结和教师效能可靠性分析。

　　第六讲提出了定制化的教师发展理念。教师发展需要根据不同阶段和不同学科的需求区别进行，实施定制化模式，从而使发展更有针对性，更加有效。第七讲是教师开学动员。开学动员是学校传统的活动之一，也是学校领导对教师的重要讲话。教师开学动员需要针对教师的实际情况和需求，鼓励教师积极投入工作，提高教学质量。第八讲是教师开学培训。教师开学培训是学校为教师提供专业发展机会的重要方式。教师开学培训需要有针对性地进行课程设计，满足教师的实际需求，帮助教师不断提高专业水平。第九讲是教师期末总结。教师期末总结是对教学工作的一次全面总结和反思，可以帮助教师查漏补缺，提高教学效果。教师期末总结需要及时进行，并针对教师的实际情况和需求进行指导和帮助。第十讲是教师效能可靠性分析。教师效能可靠性分析是通过数据分析和评价，对教师的教学效果进行客观评价，为教师的进一步发展提供参考。教师效能可靠性分析需要建立科学的评价体系，确保评价结果客观、公正、可靠。

　　本章主要探讨了教师的发展问题，提出了一系列具有实际操作性的建议和方法，为教师的专业发展提供了有力的支持和指导。学校需要采用差异化的教师发展方式，促进教师的不断进步和成长，从而提高教育质量和效果。

定制化教师发展

今天这一讲我跟大家一起来探讨怎样做好教师发展。一所学校，两类人最重要，一是学生，我们都希望自己的学生非常优秀，二是作为教师的我们。教师如果优秀，学校的发展自然也会迅猛。那么，怎样做好教师的发展呢？这里面我跟大家谈几点想法。我们每个人从毕业到工作，都会经历一定的阶段，所以我在这里给老师们提出四个阶段的成长目标和规划。上个学期我也跟老师们提出要做好三年规划，实际上，就是我们要了解自己，要对未来有所安排。

作为教师，我们如何给自己定位呢？

第一，对于毕业后工作1—3年的教师，可以定位为学徒级教师。学徒级教师，在教学一线，应该达到什么标准？应该要有什么样的能力？这些年轻教师要了解自己所在学科的整体状况，要掌握最基本的教育教学方法和策略，能够对学生的问题进行正确的解答和处理。简单来说，就是你能够应付得了最基本的教育教学。目前我们学校有大量这样的年轻教师，在我看来，他们都发展得非常不错，能够快速地成长，有的还在一些区市级竞赛中获得了比较好的成绩，这说明他们已经完成，甚至超越了学徒级别应该要达到的目标。

我们学校"三年学徒"的这个三年指的是一个通常时间，有的老师，快的话，一年两年就出师了，慢的话可能要三年。

第二，对于教龄在3—10年的教师，可以定位为熟练级教师。一般新教师进来三年之后，我们认为就可以被认定为熟练级教师了。熟练级教师的培养周期一般是 3—10 年，不能超过 10 年。我刚才讲的，我们定制教育，有接受快慢，有不同方向，就像我们面对的学生一样，所以我们教师培养也有周期，也有跨度。可能你三五年就出师了，就已经是很好的教师了，有的可能要熬 10 年 8 年，也可以熬出来。

熟练级教师需要达到什么标准？

首先，熟练级教师要在之前学徒级教师的基础上，掌握学科教学中的不同教育教学方法，并能够应用。我第二讲里提到"三定三制"，最基本的，你要知道学生是一个什么状况，你要有相应的教育教学方式来应对。

其次，对学科知识要能融会贯通，相互关联。我们教一门学科，不是教初一就只学初一的教材和大纲，你教小学三年级，也不是仅仅看小学三年级的教材和大纲，你要对这个学科进行扩展，对它整个的知识体系融会贯通，了解什么时候我该讲到哪个点，之前达到什么程度，现在要讲到什么程度。可能现在也有老师会这样，就是抱怨前面的老师。高中老师教学生的时候常常教着教着就生气了：这些东西你怎么都不会，初中老师没教过你吗？你初中学啥去了？初中老师在教孩子的时候有问题就开始埋怨：这些东西你小学干什么去了？没学吗？难道没人教你吗？小学老师埋怨谁，那就埋怨幼儿园。幼儿园老师埋怨谁？没谁埋怨了就埋怨家长。所谓的这种埋怨，其实是因为我们过去在单学科教学之中，教师对整个学科体系的融会贯通，相互连接没有做好，有那么一些断层。所以小学有些老师跟我说："校长，您能不能让我走大循环？不然的话，我天天教一年级二年级，他后面学啥东西我都不知道。"确实有这种问题。这是熟练级教师要避开的。

最后，要能够熟练地解决学生的问题。学生的问题很多，而且没有定式，可能有一些相通的，过去有类似的，遇到时，我们可以向老教师请教，向书本学习。但还有很多是变化之中的，你可能之前没遇到，现在遇到了。所以教育最大的困难就在这里，它没有一个固定的模式和标准的教法。作为熟练级教师，要开始能够解决学生的不同问题，并且积累一定的教育教学经验。你的这些经验既能帮助你来解决问题，也能帮助别人了解和学习。一般这是 10 年教龄的教师达到熟练级教师层次要做到的。

第三，对 10 年以上教龄的教师，可以定位为专家级教师。有 10 年以上教龄，你就是专家了。人家一问：老师，你教了几年了？十五六年了，或者 30 年了。人家首先心里想这应该是个专家了。就像我们到医院去看病，大家有个习惯，都说我要找专家看，虽然他挂号费贵一点，贵就贵了，心里放心，对吧？如果说教师也是处于同样的这种观察点的话，家长也会有这种想法，他面对不同老师的时候，可能开始就是问老师优不优秀。但怎么体现他优不优秀呢？很多时候看的就是教了十几二十年了，当了班主任几十年了，还经常获奖，等等，人家一听，觉得这个老师有经验有方法，就放心。

10 年以上教龄的教师就要开始把教育的"教"转变为引导学生的"学"，以"学"为主流方向。过去我们教孩子知识结构的过程中，专家级要做到"授人以渔"，就是要教会他怎样来学习，有针对性地对不同的知识内容，不同的学生情况设定有特色的教育教学模式。我们前面说到的定制课堂，能够针对不同学生的不同需求，制定针对这个孩子的不同的学习目标、策略以及考评方式，这就是我们专家级教师要能达到的目标。

专家级教师要逐步形成具有自身特色的教育教学方式。现在上级教育主管部门会给一些名师工作室的荣誉，以后我们学校也会给一些要求，给一些平台帮助教师发展，将来如果你构建了优秀的教学方法，就可以以你的名字命名，比如王老师教学法、张老师教学模式、李老师教学工作室，等等，只要你能够做得到。这是第三个层面。

第四，也是最高层面，导师级教师。这里我不设定具体的年限，可能你 10 年 20 年就是导师级了。你是做导师了，导师是可以带研究生的。教师发展到这个程度，应该要达到什么标准呢？导师级的教师要能够总结归纳出各种教与学的策略，要有思想层次的提升；要从过去经验型，提升到理论层面，形成理论与实践的有效结合。我们过去说，有些专家只能在舞台上吹牛，讲得天花乱坠，上面一讲，大家也掌声如雷，但回到现实就垂头丧气了，因为他讲的跟实践是无法对接的。而我们一线教师的这种理论，和实践是能有效结合的。我之前也强调过，就是我们培养教师也好，学生也好，要有一种实践型的智慧。

我们每个人学习的知识，一是从课本来的，叫书本知识，二是从实践中来的，叫实践性知识，后者非常重要。导师级教师要能够把理论与实践进行有效的结合，发展出有特色的教学思想，并对外产生比较好的影响力和推广效果。做到这一步你就达到导师级别了。我希望我们学校的老教师、中青年教师都能够朝着这个方向去不断地提升。有些老师讲，"我可能做不了导师"，做不了导师没关系，你可以慢慢成为这个行业的专家，至少要做到专家。

对教师来说，可能我们会教学三十五六年，如果延迟退休政策出台的话，可能要教到40年。那么在这30到40年之间，我们如何有效地去规划自己的人生？你至少要知道，每一个阶段该成为什么样的人，该做到什么程度，心里要有个数。教师无论是从学徒到熟练，到专家还是到最后的导师级，都需要外在环境提供一个巨大的空间和舞台，作为教师发展的平台。

既然这样，学校从哪些地方给我们老师搭台呢？在第三讲我跟大家沟通过了，我们在学校结构设计上专门设了一个教师文化中心，就是为广大教师服务搭台的。

首先，教师的培训非常重要，培训有多个层面，一有规定动作，继续教育，大家可以看得到，市里面有继续教育课时，区里有继续教育课时，学校也有相应的一些培训，这些培训，我希望老师们都积极参与，因为学习才能够让你不退伍，不落后，不会跟人家产生代沟。所以我们各类的培训会不断加大。除了刚才我讲的规定的，还有一些自选的培训，有一些像我开的这样的讲座。另外，我们还有一些专题性、主题性的培训，学校会外请一些专家，或者跟其他学校优秀教师、专家级教师进行对接，组织互动式的学习培训，这是在实践中来提升大家。

其次，我们会设置一些激励舞台，促进大家成长。比如通过月度明星教师、年度榜样教师、首席教师的评选活动，把老师们精彩的课堂展现出来，得到大家认可，得到学生认可。有一个荣誉称号，也许能够鞭策我们走得更快、走得更远。所以我们也会通过学校的教育论坛、名师工作室、特色教师工作坊、党员教师模范岗之类的舞台，让不同层面的老师都能够将才华展示出来。

最后，我们会开展实实在在的"造势运动"。后续你们会陆陆续续看到学校在宣传推送过程之中来设计不同的主题进行"造势"。当然这个运动不是虚的，是实实在在的，让大家看得到的。目前学校的很多推文都在做这样一些活动，就是给教师们提供一些发展的空间和平台。

除了以上这些，教师的发展还需要另外一个舞台，就是课题研究。课题研究，我们不能把它跟教学当两张皮看待，过去一提教育科研，大家心里就发怵。跟我说，"校长，我这个工作好累，我带一个班两个班的孩子这么多问题，天天要改作业，回家还要带孩子，还要做饭，哪有时间搞科研？"带有这种观点的老师很多。问题出在两个地方，第一个就是认识上，认为做课题是一个额外的事情，是为了评职称，因为职称评定时必须看课题，不得不搞。第二个是对课题和教学关系，理解不清楚。实际上，在一线工作里面，凡研究必带课题，凡实践必为研究，这是什么意思呢？我们在教育教学过程中，肯定会遇到大量的问题，每个人遇到的问题都不一样，遇到这些问题，我们就要想办法去解决它。

你解决问题的方式是什么？刚才我说了，可以去查资料、看书本，可以向老教师请教，可以带着团队几个人一起商量，其实这就是做课题，只是现在我们用课题这个概念把它框起来了，让它更规范，形式更标准，结论更加显性化了。所以你不要把科研和教学当成两张皮。那么，做课题怎么做？做什么？这一点学校也有引领。首先，学校会有整体的研究方向和主题内容。教师发展中心会给大家在课题研究里面做一些培训和指引。我们各自的问题在大的课题框架下去运作，这就是一个非常好的小课题。有了做小课题的经验，你可以申请区级的，区级的再做大一点，就可以申请市级、省级了。

上个学期就有一个老师，他说，"校长你提的定制大数据的模式非常好，我就想专门来做一下，跟同班级的老师一起对学生某个方面的成长过程进行数据收集，然后大家一起分析，这些学生问题出在哪里，把问题一梳理，再针对性地给出解决方案，就可以构成一个研究课题。而且，这个课题跟学校教育教学宗旨是密切吻合的"。我觉得这个老师的提议非常好，未来这一类的课题研究也将成为推动我们教师发展的一个重要策略。

今天这一讲主要跟大家沟通的是作为前海学校的教师，我们该如何定位，如何发展的问题。

教师开学动员

新的一个学期马上要开始了，我跟大家交流一下我们新的一年（注：2022 年）工作要求。这里面我分这么几个主题来跟大家交流。

首先，我想用"杏坛雅颂紫气升"来表达我对新的一年的期待。2022 年是一个特殊的年份，过去的两年我们一直被疫情影响，今年开始走向好的转变。虎年我们说虎虎生威，虎气腾腾。在新的一年，我相信我们肯定会有一个大的转变，新的机遇也会来临。

2022 年冬奥会在北京召开，我们看到一些体育健儿，获得了非常好的成绩，还有一些新的体育明星在冉冉升起。这些都给我们带来新的契机，我也想趁这个机会，把学校的工作跟大家做一些交流和梳理。

我今天跟大家分享的主要有三个方面：第一，强化党建引领，凝心聚力，坚定政治方向；第二，就目前我们关注的工作核心"双减"，即有效减轻义务教育阶段学生过重作业负担和校外培训负担，谈一谈如何来突破难点，达到"提质"效果；第三，说一说我们下一阶段要开展的九大工作任务。

第一个方面，强化党建引领，凝心聚力，坚定政治方向。

近年来，党中央提出继续深化教育体制改革，我们也在陆续学习和实践。比如，义务教育均衡化、义务教育全面改薄工程、义务教育质量提升、职业教育体系建立、高考改革、基础教育"五育"并举，以及2021 年 7 月出台的《关于进一步减轻义务教育阶段学生作业负担和校外培训负担的意见》，简称"双减"工作要求。

改革要做什么呢？就是集中解决一些教育焦点问题，解决我们教育发展的不平衡、不充分的问题；解决坚持中国特色社会主义的正确方向，教育如何来做的问题；解决怎样办好人民满意的教育，怎样解决教育公平与效率的统一问题。大家知道，近几年随着国家经济的发展、国际地位的提升，我们在其他方面必然也要形成一个统一、协调和配套的发展，比如，提升文化自信，怎样提升，教育就必然要跟随经济的发展，走向一个新的发展层次，就要向世界一流看齐。

世界一流不是嘴巴说出来的，是要做出来的，所以教育改革势在必行。习近平总书记多次在各种会议，特别是教育会议上，强调教育工作的要求和一些指导性的方向。之前我在一些学习会议上已经跟大家做过分享，这里不再过多地重复，但我要强调一点，就是在具体实践中，要坚持党建引领各项工作，切实发挥党员干部的先锋模范作用。这一点非常重要。

如何以党建引领各项工作的落地、落实呢？今年春节有很多影片上映，很多老师可能带着自己的家人去观看了。2021 年我们推荐老师去看《长津湖》，2022 年又出了续集《长津湖之水门桥》，也有很多老师去看。我讲这个就是要强调一点，重复一个概念。大家看到片子很多人都在反思一个问题，在抗美援朝战争中，中国人民志愿军的装备比以美国为首的联合军队要差得多，但我们硬是用"小米加步枪"打败了美军的"飞机加大炮"。

电影非常清晰地展示了这一点。这里面体现了一种什么精神？那就是钢铁般的意志，就是我们的意志力。所以我们是用钢铁般的意志战胜了敌人钢铁化的武器。而在一场场战斗中，我们也看到，那些冲锋在前、视死如归的都是我们英勇无畏的战士、我们的干部、我们的党员。这些都体现出在艰难困苦的环境之中，我们的党员干部，他们的先锋模范作用和大无畏的精神。无论是在战争年代，还是和平年代，我们的国家建设，都需要有这么一群人，他们冲锋在前、视死如归、无怨无悔，把党的利益、国家利益、人民的利益放在第一位，这才是我们大力提倡的、要建设的一支队伍，也是对我们党员干部的要求。

目前来说，我们学校党员教师在工作方面发挥了模范带头作用，非常好。这两年，特别是在防疫工作之中，我们涌现了一大批这样的党员干部。上学期末，学校党员教师组成志愿者队伍参加社区防疫工作，为社区老百姓解决了很多困难。一些党员教师整整3天连续坚守在防疫岗位上，非常辛苦。他们值得我们敬佩和学习。

我希望我们的党员教师都要有这种以身作则、勇挑重担、工作在先、成绩在先、改革在先的精神。当然，也有部分党员老师还有提升的空间。你反思一下，我的工作是不是那么勤奋，考勤是不是那么准时？对学生对学校的工作态度是不是能得到大家的认可？意志力是不是那么坚定，教学效果是不是靠前的？师德、师风还有没有提升的空间？这需要我们老师时刻保持反省，特别是党员干部，更要时时自省。

在接下来的师德师风德育工作之中，我们要注意几个环节。教师方面，我们的思政课水平专业化等理念要有一个变化。思政课方面，从2021年开始，我们在招专业教师，想对这一课程做一个提升。另外，《中小学德育工作指南》《心理健康教育指导手册》等文件的细则里面都明确和细致地做了标注。关于教师怎样去提升，对教师的师德、师风有什么要求等，我们前面已经多次做了宣传，希望大家铭记于心，并用于自己实践之中。学生在哪些方面要改变和提升？就学校来说，学生的行为规范、文明礼仪以及卫生健康这几个方面都需要大力改变和提升。以上是第一个方面，就是虎年来临，我们在党和国家的政策引领和指导下，如何发挥党员先锋模范作用，如何把这种精神贯穿到我们的实际教育教学工作中。这个政治方向是不能够有偏颇的。

第二个方面，也是现在大家比较关注的，自"双减"政策实施以来，学校有了很多变化。这些变化也带来了一些困难，使得我们教师在工作中不断地思考，如何体现国家的"双减"政策，如何在自己的教育教学实践中做得更加有效。这里面有很多跟原来的要求不一样的地方。

对一个学期工作的梳理，主要是针对一些问题进行总结，下面我就一些老师们困惑、担忧，或者不解的地方，形成6个方面来跟大家分享一下。关于"双减"，之前跟大家开会也说过了，它不是说不要分数，也不是说躺平不干活了。它要减轻的是过重的、机械性的、重复性的、那些没必要的作业负担，从而达到我们讲的教育公平。这个就是上面我提到的，从教育公平、绩效、效率、社会发展等方面，体现一个整体意识。所以这一点大家要清楚，不要走极端。个别时候，我们学校也有不同的声音。"双减"了，是不是这个不需要做了，那个不需要做了？这个不用加油了，那个不用努力了？不是这么回事。千万不能走这种极端。刚才说了，通过上面一个学年、一个学期我们对"双减"工作的实施反馈，有一些东西需要我们去强化和改变。

这里面我跟大家说我分了 6 个方面，这里跟大家来分享一下。

一是备课的变化。

备课要改变什么？备课是老生常谈，大家都知道上课要备课。我讲的备课不是形式上的那种备课，写教案、提大纲、写步骤。我说的备课，指的是我们备课的方向的调整、策略的改变。当年苏步清关于教学说了这么一个观点，他说如果我们把教学精力分配一下，用 1 分的精力去备课、用 2 分的精力去上课，你就得花 3 分的精力去查漏补缺；如果你用 3 分的精力去备课、2 分的精力去上课，那你就只需要用 1 分的精力去查漏补缺，也就是说，你的问题就会越来越少。这几年我给大家提出来，在教学上要做一些改变和提升。有一些老师的认知非常好，在实践中也去做了一些变化。一般来说，有大家的学科公开课我会去听一听，个别时候我也会不打招呼就去听一些老师上课。我就会感觉到，我们还有一部分老师，把备课的概念停留在过去的一种形式上的写教案这个层次。所以我这里面再提出来，希望改变大家这种思路、思维。

"三定三制"在你备课之中就必须去实践，随着课改的深入，也随着"双减"政策的落实，你们会发现定制化的教育对未来学生的发展是很重要的。我要提醒的就是，我们要加大对学生的分析和了解，如学生已经掌握了什么，学生在这个基础上知识储备有哪些，学生适合哪些表达或者说传递方式，学生的认知在哪个层面。这些如果我们老师无法掌握，就说明你还停留在二三十年前的教学方式上。拿了一本人家的教案谁都可以去把它表演出来，那样学习的效果就很难达成，这是第一个，备课要改变。

如果我们不深入教研备课内容、备课方式，那如何提质就可能是一句空话。我们在备课中三定，定学生的基础、定学生的需求、定学生的发展目标。因此，制定的学习内容、制定的教学方式里面，重要的几个地方也要去改变。教学方式的选择，特别像现在我们中高考改革的方向，很多人都在看、在了解、在研究。比如阅读的提升，你怎样在收集教学资料的时候去把它做一个备份。我听的有些课里面个别老师，从备的课到看的书，他选择的东西、选择的资料就只停留在教材那么 3 页、5 页的内容，跟此内容相关的、外延的几乎都没有涉及。那你这个备课就有问题了，也就是说，你定教学资料的时候就存在重大的缺陷。你说提升学生的阅读，怎么提升？语文需要阅读，英语需要阅读，理科需不需要？同样需要，你不理解、不认知，如何在见到一个新的材料的时候解决问题呢？

我说的"三制"里面，制定教学策略里面还有一个问题，就是课堂上我发现老师们对工具书的指导有欠缺，要提升。我举个例子。我听某个老师英文课的时候，他经常讲到一些单词，学生写不出来，怎么办？我记得我们原来读书的时候，每个学生案头都有一本英文词典。但是现在在课堂上不要说小学，连中学生案头上都看不到词典。

我们现在现代化的电子设备多了，网上可以查资料了。但是在临时性的那个资料框里面，他不能瞬间快速去获取这个知识点。下了课，过了下一节课，明天忘了，那个效果就没了。所以我一再跟大家建议，老师们指导孩子们学习时，要告知他们从哪里获取资源，这是很重要的。你给的东西不一定给得了那么多、那么全。还有一个老师被学生家长投诉，这个老师讲到直升机的时候，学生问到其他的机型英语怎么说，老师说：我不知道。可能确实是自己没有准备，不知道。类似情况利用手头工具查找就是一个很重要的策略。思维导图的利用，这些都是在我们制定教学策略和方案里可以用到的。过去我们说画家、名画家，他心中有竹，随笔为节，随手画出来的就是一节一节的高风亮节。我们说的这种跟写字也是一样的。有些老师说，"校长，你那个字写得好，是不是那个笔好？"心中有字、枯笔为书。哪怕你那个笔头是坏的，拿一个树枝，拿任何一个工具，你都能写出很好的字来。所以我们备课的观念要改变。

二是教学。

如果说备课相当于写剧本，教学就是你上舞台了。如何让舞台展现得丰富多彩，让观众参与到你这个表演之中，让学生在此中获益呢？这里面我就去年听课的情况，4个方面跟大家做一个沟通。

第一个方面是讲和练的时间分配。我们传递知识有很多种方式。讲是其中一个，它是传递。但是我们教育学是为了什么？是讲学还是让学生学习？所以这个讲和练的分类你就要去做一个很好的规划：哪些东西讲，讲多长时间，哪些东西练，练多长时间。我们很多老师习惯于滔滔不绝地去讲，但是学生学就关注得很少。但更重要的是什么？是练。有些老师假期带孩子们去学游泳，小孩学游泳是最明显的，你要让他会游泳，就一个动作，丢到水里就行了，他就会了。你讲100遍，你在床上念10 000遍，再示范1 000遍，他还是不会，你把他丢水里他就会了。你要让他游得好，游得水平高，那你就要有好的奖励，去训练他。这就是区别。我们教学的讲和练也是这个意思，要让学生想学、学会，就一定要让他练。是不是就不讲了？不是，你要让他练得更好，你就要在他会游泳的基础上去指导他游得更好，就是这个概念。

第二个方面是如何设计问和答。在我们的课堂上，问答是比较多的一种方式。这个提问是有技巧的，你的提问，有些是自发性的，自然而然就提出来了；有些是引出核心问题的，就像我现在作讲座一样，我要讲什么东西，就提一个问题，引起大家注意。还有一些提问要控制，因为你不能让这个场面乱了，对不对？要控制提问的方法。还有一些提问是有引导性的，我是有意识地朝某个问题、某个方向来向你提问。提问你要有这种设计。提问的维度，有些问题是闭着眼睛就能回答的，很简单的。有一些问题是为了应对这个环境，我要去提，我要去做这个维度的问题，保持这个课堂的一种生机活力。还有一些是具有指令性的。提问的内容你也要注意，有一些内容我们过去叫贝多芬模式，就是支持记忆的。这首诗是谁写的,某某时间在某某地方发生了一件什么事情,等等,这属于记忆性的问题。有一些提问是为发现问题而提的。我提这个问题是想让你对这个环境、对情景有一个发现。还有一些提问是要来指导孩子解决问题的,我是有意识地引起你质疑的。还有一些我是要让你举一反三,解决问题、化解矛盾的。比如数学里面一题多解,对吧?所以你的提问设计要注意层次。我听课时,感觉上,一般情况下,老师的提问很多是停留在初级阶段,自发性的、停留在知识记忆性的问题比较多,其他的设计就有一些偏差。所以你这些设计有偏差,学生学习的这种主动性、他这种探索精神、他这种能力的提升就很难挖掘出来。学生的回答也是一样,他需要在你这些提问设计里面做相应的一些回答。我跟有些老师也交流过,我们提问能不能够分一些层次,减少那些过于模糊的、笼统性的问题。老师问:这个张同学回答得对不对?他讲得好不好?他这个说法怎么样?这些提问都太笼统了,没有指导性。所以你在设计提问时,如何让学生回答,里面要做一些设计和思考,我就不过多延展了。

第三个方面是点和面的连通。我们在文科里面可能会稍微好一点,如果我这一节课没有听,下一节课我听也许影响不是特别大。但是理科就不好说了,就很难。如果前面的问题没搞明白,你下一个阶段就完全是死结了。所以我们这个点面的连通就需要把它贯穿起来,就需要老师在教学工作中回到我前面跟大家说的课堂的 5 个维度上,前面 2 个维度,就是本和纲,是基本的。你这 2 个维度不能够串联起来,教学就不可能去改变和提升。你说减少那种强化式的刷题,这种方法对不对?有没有效果?肯定有效果,但是那种只是做到了一个点。现在不做这个变化,就很难达到我们讲的"双减提质"效果。

第四个方面是落脚点问题。教学的落脚点在哪里?在行和知的统一上。我们说知行合一,有"知"没有"行"就不叫知道,你"行"要有个基础,那就是"知"。所以"知"和"行"其实是一个事情的两个层面,知识的两个层面。我们成人也是一样,我们获取能力、获取知识是两个维度。一是书本知识,文字上的、书本上的,二是在实践中将它深化成我们的智慧，指导我们怎么做事，就是形成智慧型的知识。这就需要我们做到知行合一。对待孩子、对待学习来说，怎样知行合一？学生能不能用学到的东西够举一反三，以点带面，能不能够知道 a 就能化解 b 和 c？做不到你这个减负机制就没法改。

三是作业。

作业，是大家都熟悉的，是不是？冬奥会冠军谷爱凌，也说她在中国学 10 天，相当于在美国学一年了，她这个作业的量肯定是不一样的。

作业是干什么的？这里面我做了这么几个分类。第一种作业，巩固知识，这个大家都清楚，通过练习，反复练习，巩固已学的知识。第二种作业是评价用的，我们通过作业的结果来评价学生的学业水平，知识掌握的程度，我做 10 道题，做对了几道，所以我这个学业水平有多高。第三种作业，再次提升用的，通过作业培养学生的思维方式和思维模式。你什么样的作业决定我形成怎样的思路。就像我们在平时工作中，你怎样接触人，就会有怎样的言行模式。你通过环境作业的设计改变了学生的思维，学生通过作业发现自己存在的问题了，这个就很好。前面我们是应付式的，你如果能够通过作业培养孩子在作业设计里面发现问题，那你这个作业就设计得水平很高，学生的学业水平对前面那些是有覆盖作用的，能够解决问题，对他的能力提升绝对不一样。所以我们作业的设计要多考虑，要做改变，提升作业的质量。现在我们老师的作业，那些教辅资料什么的，通过长期的研究也有潜移默化的作用。

作为老师来说，你能不能把握和掌握这个思路，决定改革的成败。过去我们做作业最简单的方式就是抄、背、练习，这个字你写错了，抄 50 遍，那个句子不对，你给我再做 10 遍，等等，就是我讲的"衡水模式"。通过反复练习，进行肌肉的强化，达到一种结果。现在不能够通过这种方式了，你要做一些改变，要做一些变化。做哪些变化？就是在作业中，哪些要多练，哪些少练，你要去选择。你做教师的话不能一锅端给孩子们。所以我说分层布置作业，就在这里，你不掌握，你就无法去给学生分层。对某一个知识点、某一块内容，它的深和浅的挖掘和要求对不同孩子来说也是不一样的。我之前给青年教师们做讲座的时候，讲了一个案例，有的老师领悟到了，有的老师还在思考。很好，这没有关系。为什么同样一个问题，我对不同的孩子会有不同的要求？就因为他们对这个的认识是有深浅的，你就需要去做相应的调整。

另外，哪些作业通过重复性来提升，哪些作业通过生动活泼的场景、通过实践来提升？就像我刚才讲的游泳一样：你想让他会，丢到水里就行了，你要他们游得好，叫教练来指导他们练习，天天练，就行了。就是这个区别。未来在我们教学之中，在"双减"政策下，你如何把理想和现实做一个结合？我们学生有很多想法，我们家长也有很多想法，个个都想考名校，个个都想在某个方面超越别人，但这是理想。理想跟现实是有距离的，有一些距离是可以跨越的，有一些不一定能够跨越，它的条件因素是千差万别的。那你能不能够在这个方面做一些区分，而不是一锅水端给所有的人呢？最后一句就是"应试"和"应世"。应试这个概念大家好理解，现在中考、高考的情况下，考试分数还是要有的，解题能力还不能丢，你还要应对考试。但未来世界不是每个人都能考名校的，将来读到高中也不是每个人都能考清华北大的，对不对？那难道他就不活了吗？他就不生存了吗？不是的，他还有他的生存空间和舞台。所以我们老师布置作业，就需要针对学生发展的方向，帮助他做得更好。这是"应世"。

四是课堂评价。

评价，对教育教学来说，对管理来说，从任何一个方面来看，都是一个重要的导向。你如何评，我就怎么做，对不对？所以有老师说高考怎么考，我就怎么教学，它就是一个评价的指向性。现在义务教育讲究公平性，大家也看到了，校长一再说不要用分数来给孩子评价，要转成等级制之类。失去了分数这个工具，我们怎么来评价孩子？有的老师不理解，就说"校长你不能老怪我们，学生基础差，我们也没办法。你看某某学校、某某学校的学生……"这种比较就是个错误。中国有句古话，放在这里不一定对，但是我觉得可以这样去理解。什么话？"子不嫌母丑，狗不厌家贫"。你学生的基础怎么样，你学校是什么样的环境，你要学会应对去解决它，不能一有什么问题就拿生源来作借口。生源是好是坏，第一不是我们选择的，第二也是我们选择的。这句话不是绕口令，我在一些场合给你们解读过，这里面的好坏你可以理解，但你绝对不能拿生源作借口。就像我刚才讲的，大家看电影《长津湖》，之前我跟一些年轻老师也讲过，我父亲也参加过抗美援朝战争，可以说，我们军队当时的条件、设施、设备比人家差了不知几个档次，根本是无法对抗的，但是我们的战士还是要跟人家拼，你能说武器这么差，设备这么差，不打了吗？能不能这样？不能的。同样，你面对我们的学生，你说他们不如哪所、哪所学校的孩子，那我不教了，反正我教不好，行不行？不行，绝对不行。而且上级评估学校也不是按绝对分数来评价的，家长也不会按绝对分数来评价。人家看什么？看学生的进步，看你的觉察。

所以我讲的这个评价，首先在思想意识上就不能够带有这种情绪化的借口。评价涉及的东西很多，我就不一一去说了，下面我结合我们自己的发展和课堂，重点说两个方面。

第一个，我借用摄影的概念——微距和广角来说。注意，微距看到的是学生个性、细节、特色的地方，关注他的与众不同，对此，你如何进行一个有效评价？广角看到的是整体性、规范性、统筹性的方面，对此，你能不能给一个确切的评价？掌握好微距和广角，你的评价就不会那么笼统，既能点到细节，又符合我们政策的整体发展和要求。

第二个，表现性和结论性互补。表现性和结论性是什么意思？结论性大家可能比较清楚，大家对考试、对这些最后的结果是很在乎的，这就相当于一个结论性的东西，但是对平时表现性的评价可能就有一些忽略。举个例子，提升学生的阅读量和阅读能力，你在一堂课里面，在你的教学之中，对学生的阅读内容和阅读量有没有这种表现性的评价？看不看得出来？我听某个语文老师的课，他讲到古诗文，就有一个孩子顺口说出了这个作者其他的作品。后来我跟这个老师说，你如果当时改变一下评价方式，也许效果会更好，至少说明这个孩子对诗词的阅读量是比较大的。你换一种评价，也许就给别的孩子一种信号：我自己多读书是有好处的，而不是只读老师要求的才是好的。这就是我讲的表现性的体现。还有锻炼学生的写作、动手能力方面，我经常提醒老师，一堂课里面如果学生的笔从来不动，是很麻烦的。

有时我们一看那个作业，批改的时候，学生天马行空的字吓死人，错别字一大把，这是不是会影响他的考试成绩？那你平时为什么不动，不多写写？包括我讲英语课的老师，你讲到哪里的时候，为什么不让孩子就把那一句话写出来？你造句，嘴巴造句，为什么不顺便也动动笔？这个过程我们就关注得不够。

一个问题出来，我换个角度、换个问法，多提一提，他的认知就更清晰了。实验操作，在标准规范的 1、2、3、4、5、6 点之后，学生能不能够自己重复这个过程？学生有疑问，我讲的不是结论性的，是过程性的，他能不能说出来，敢不敢表述出来？有了过程性练习，他将来在写题、答题的时候，语言就会有相应的反应。一些材料拉到这里，哪一些是有用的，哪一些是无用的，他能不能做筛选？这个过程就回到刚才我讲的，你提供给他们的资料要完整，而不是只提供我需要的那三五句话。在实践中、在现实中、在将来，你就会发现孩子们接触到的资料，有相当一部分是无效信息。你平时不给他这个过程训练，你只给他有用的那一句话，没用的根本不告诉他，那下次他哪知道怎么去辨别？除此之外，学生的互助、资源资料共享，等等，这都是教学中需要进行评价的。

五是教学空间。

有些老师会想，教学空间改变，跟我们"减负"政策有啥关系呢？关系可大了。如果一个教学空间，它的体感是安全、灵动的，又是舒适、符合自己个性的，那它的学习效果就应该是高效的。所以我们要学会在这个教室里面去改变我们的空间设计，布置和装饰我们的黑板、墙壁、图书角、课桌椅、门窗等，让它们符合我们的课堂教学和班级文化。

不知道大家有没有注意到，上学期我们已经把班级的编号做了改变。有个老师来问，说："校长，你为什么要这样改呀？我觉得改得挺好。"既然挺好，我说，"你觉得好在哪里，原来又哪里不好？"过去我们的班级编号是一年级 1 班、一年级 2 班，到了二年级就变成二年级 1 班、二年级 2 班。等到学生毕业以后，我问他"你是哪一班的？"他能说得清楚吗？永远说不清。只能说"我是 2020 年毕业的，我的班主任是张老师"，或者"我是 1987 年毕业的,我的班主任是李老师",这样永远没有一个归属感。所以班级编号它就是这个空间文化里面的一个标识,就像我们身份证一样,你的身份证跟着你一辈子,你的认可度、你的行为,都是跟它绑定一起的。我们的部队里面,大家在电影里也会看到,士兵也好,军官也好,他都是有编号的,这个编号是跟着他的。这种身份的认定、认可,不随你的年龄增长而改变,那么我们调整以后,他将来就可以清清楚楚地知道自己是哪个班的,比如,他中学是 2003 班的,他就永远知道,不会将来问半天,说"我八年级是八(1)班的,七年级是七(1)班的,九年级是九(1)班的"。要知道,每一年都有一个九(1)班,每一年都有个七(1)班,对不对?这就没有区分度,没有认可度。所以教室的空间从理念到物化,它的改变,就能够改变我们人的创造力。这一点我希望老师们,特别是班主任,要带领班上的孩子们一起来创造属于我们自己的空间。

六是资源利用。

说到资源利用,过去我们老师在教学中比较常规的就是用已有的教材,对不对?现在上面也规定只能有一套教材,一套教辅,然后软件利用要注意控制,所以大家觉得没啥东西可用了。其实还有很多资源可用,除了固定的教材、教辅软件以外,我们的云平台里面也有很多教学资源,不过要筛选。我们还有一些博物馆可以用,深圳现在开了很多博物馆,我不知道老师们去过没有,或者带学生去过没有。你的课堂要达到我们提倡的五维课堂的最后一个"界"的要求,做到时空边界的打破,就要学会利用这些社会资源。我们街道和社区也有一些资源,可以利用过来。学生处之前与一部分社区、街道对接,资源用得挺好,家长反映也非常好。课堂也是一样,学生和家长个人的资源也是可以利用的。我讲的这些资源利用,是来帮助提升我们孩子的教育教学的。不是要你利用这个资源做其他无关的事情,注意这个说法。还有我们开设的"四点半课堂",现在叫延时课程服务,也可以用来补充和完善对孩子们的教育教学。

以上是我总结的六个方面,在"减负提质"改革里面,我想,哪怕你去努力改变一个方面，也会有一个比较好的转变和不一样的效果。

第三个方面，关于学校未来工作，我跟行政部门一起梳理了九个方面，简称九大工程。这里我简单说一下。

一是做好党建工作，我们的党员教师要进一步展示风采。我在第一个模块里面专门提到了对党员教职工的要求。党员教职工要积极向前、勇担重任，起模范带头作用。我们很多党员教师在教学、育人方面都有非常优秀的表现，未来希望保持，并做到不断进步提升。

二是开始筹建前海学校 2023 年校庆。筹建校庆不是花里胡哨地去应付一下，而是对学校的整体文化品位、思想、教师力、行动力提升做一个统筹的、全方位的总结和提炼，辐射周边。

三是加大青年教师培养力度。年轻人是我们的未来，也是我们的希望，是我们必须牢牢把握的核心力量。前面几年大家也看到了，对青年教师的要求很多。我们 2022 年也会引进一支专家队伍，专门对我们青年教师的成长进行打磨。

四是注重青年干部的培养。教师要成长，干部也要成长。大家看到这两年来，我们在中层干部、年级组长培养方面都在大量地起用青年教师。不是说老同志不行，这不是一个概念。老同志有老同志的优势、智慧和成果，他们可以起到引领、帮助、示范的作用。年轻人就要站在巨人的肩膀上才能够进步得更快。我们会注意不同的需求和分层，不是说培养青年干部就不管老同志了，不是这个意思，我是更老的同志呢，对不对？你看，我还是年轻人的干劲、年轻人的身体、年轻人的思维，这才是最重要的。

五是完善学校的制度化建设。学校的制度建设根据上面的要求逐年有一些调整和改变，也有一些自我完善，特别在教育教学、德育评价方面，未来要做一个更好的总结和提升。

六是做好体育专业化的提升。为什么专门提出来"无体育则无教育"？未来的教育也好，发展也好，身体是革命的本钱，学生的身体素质必须要提升，我们的体育教育必须要强大。所以在体育方面，我们会有更多的提升策略。

七是学校文化成品化管理。我们要把学生作品、教师作品、学校的文化产品，以及学生报社、学生刊物都陆陆续续恢复健全起来，把它们成果化。

八是完善学校四级课题逐年结题。这项工作是对学校工作成绩的总结，也可以给老师们的带来一些研究成果，让老师们有一些科研收获。

九是实现中考突破。我们说减负是为了提质，不是"躺平"。中考还是老百姓关注的核心点，我们在现有的基础和条件下，要逐年有一些突破点。2021年我们取得了一定的突破，我们没有宣传，但周围群众是知道的，家长是知道的。所以我刚在前面讲，我们不要去埋怨生源，这个不好、那个不好，好不好是你做出来的，老百姓是看在眼里的。

最后有两句话送给大家。希望在新的一年我们能够"万紫千红处处飞，满川桃李漫成蹊"。希望我们的师生员工在新的一年里虎虎生威定精神，龙腾虎跃创事业，生龙活虎追成效。

教师开学培训

2021年的开学报告主题引用一句话：大风起兮潮头涌。2021年是国民经济和社会发展第十四个五年规划开局之年，按惯例，我们在开学时先学习国家对教育发展的有关方针、政策，并对照自身做出要求。

其一，政策与要求。

近些年国家对教育发展的要求日趋精准，对教育的规范性要求已具体到操作层面，我们在学习时尤其要把握好方向。2021年4月，习近平总书记在清华大学考察时指出，"要坚持把立德树人作为根本任务，……不忘初心、牢记使命，为党育人、为国育才"。我们各项教育改革、制度制定、策略调整都要围绕这个方向展开。

在这一背景下，我们该做些什么？

第一，作为教师，要具备四项重要的品质。一是要有理想、信念，如果一名教师还停留在过去上课教知识的阶段，是远远不够的；二是要有道德情操，我们对教师的师德师风考核要求会越来越规范和严格；三是要有扎实的知识，这是教师赖以生存的技能；四是要有仁爱之心，教育与其他行业不同，肩负着公益和社会责任，必须具备仁爱之心。以上四项，是我们考核教师的基本要求。作为教师必须把教育事业放在心上，把责任扛在肩上，承担为党育人、为国育才的国家责任。

第二，教师要做到心中有信念，脚下有力量。教师心中有了追求和目标，才能脚踏实地地做好本职工作，并在此基础上，不断提升。

第三，"打铁必须自身硬"。2017 年，习近平总书记在党的十九大报告中进一步提出"打铁必须自身硬"。这句话同样适用于我们教育领域，对教育过程中教师的自我修养提出了更高的要求。

第四，要加快建成符合每个人特质的教育，让不同性格禀赋、性格特长、素质潜力的个体都能接受符合自身成长要求的教育。这一点，请老师们对照前海学校提出的"定制教育，成就每个人的奇迹"的具体阐述。

第五，鼓励学校办出特色，鼓励教师教出风格。不同的学校面对不同学生和环境要具备自身特色，学生可以成就奇迹，教师也可以成就奇迹。在教学过程中，每位教师都可以有不同的特色展示。在未来的教师发展中，学校也会提供不同的平台，让教师成为不同领域和方向的专家，并在未来探索以教师名字命名的教育法、教学法。

第六，"坚决克服唯分数、唯升学、唯文凭、唯论文、唯帽子的顽瘴痼疾，从根本上改变教育评价指挥棒问题。"这是 2018 年 9 月 10 日习近平总书记在全国教育大会上讲话时指出的。未来我们对学校、教师、学生、教育工作的评价体系要改，坚决改变简单以考分排名评老师、以考试成绩评学生、以升学率评学校的导向和做法。

第七，无论是学校教育还是家庭教育，都不能过于注重分数。不能只关注一时成长，要关注学生的一生成长。

其二是新学年的 SWOT 分析。

SWOT 分析，S（strengths）是优势、W（weaknesses）是劣势、O（opportunities）是机会、T（threats）是威胁，即针对单位内外部环境、优势劣势、机会挑战进行统筹剖析，并据此针对性地制定学校未来发展的规划和策略。近期，通过对习近平总书记关于教育的一些重要论述的学习，我们更加深刻地认识到了国家对教育的重视，也让大家对后续的教育改革和发展有了一定的了解。

迈入新世纪，面对新的机遇和挑战，我们教育人，也要针对变化持续作出分析和应对。未来，科技的发展将对教育产生深远影响，在当前国内外形势深刻变化的背景下，我们需要重新审视周边环境，重新评估自身优势和劣势。

于前海学校而言，一是地理位置优势仍在，深圳前海有着优越的地理条件，国际知名度高；二是国家对公办学校持续加大投入，国家对教育的重视就是我们最大的依仗。此外，政府对幼儿教育的发展也提出了"提质增优"的要求，我们的绿海名都幼儿园虽然面积不大，但也建设得非常精致，让家长们欣喜不已。过去，家长们上这个幼儿园每个月要花3 000～5 000元，而2020年转型为公办以后，上绿海名都幼儿园每个月只需要700元，而且吃住条件还大大提升了。伴随着形象的改变和教师们的持续努力，我们前海学校整体的口碑也在逐渐提升。在择校方面，2020年我校六年级升初中的留存率为51.44%，2021年据不完全统计，已达到70%的水平。这些变化都离不开在座各位老师的努力。在中考方面，学生考试成绩也日趋提升，进一步增强了大家的信心。虽然分数不能代表一切，但它是一项重要的参考因素。近年来，不断有新教师加入我们。虽然新招的老师并不全毕业于师范院校，但大家都非常积极、热情地投入教育行业。我们也将充分利用这些优势，不断提升学校的影响力、科学力、文化力。

当然，除了以上优势，我们也有很多不足。这些劣势和不足需要我们认真面对。

一是教育设施相对老化，在深圳快速发展的教育环境下，新建学校的规模和投入已远超同时期学校的水平。每到假期，学校也会努力改造外部环境，提升基础设施水平，但是，信息化的实践应用和发展还有很大提升空间。

二是学校规模的扩大带来的管理压力的增大，市里很多学校都在实行小规模办学，对于校长来说，管理3 000名学生和1 000名学生，投入的时间精力大不相同，面对的困难和问题不仅来自学生人数的增加，更来自各方面的显著变化。

三是教师教学教研能力、经验共享、理论升华方面，还有较大提升空间。改变传统教学观，针对新情况，不断变革，提升应对能力，是每位教师都要面对的挑战。

2021 年最热门的关键词之一是"双减"。2021 年 7 月，国家出台了"双减"政策，由此带来了一系列的变化。这些变化对我们来说，有机遇，有挑战。

机遇方面，降低了学生的流失。学校办学条件的改善吸引了更多优秀学生选择直升，在政策层面逐渐控制住了无序流失。随着新政策的实施，新教师的加盟，教育的公平性会逐渐突显。我校已运作的定制教育模式和方向是符合实际、正当时机的，具有一定的前瞻性，我们大家要坚信自身的力量，巩固优势，紧抓机遇，做出更好的成绩来。

挑战方面，我想说，任何变革都会带来新的希望，但也会带来未知问题、恐惧和压力。为响应改革，我们的课程体系会有新的变化，教师教学方式策略要有改变，教师流动考评也会有新的政策。在新的政策下，很多优秀教师会前往广西、新疆、西藏等地区开展支教工作、扶贫工作。

此外，"双减"政策给学生管理也带来了变化，需要我们做些应对。比如手机的使用和管理，学生的睡眠管理等。"双减"为何要减掉社会教育机构的学科性辅导？课外读物如何选择？等等，这些问题，我们已经着手新的工作部署。近两年关于作业管理的要求，分成作业的要求和模式两项，从之前的有无必要，到目前的必须完成，都形成了新的安排。关于学生课后时间管理，我们要规范手机使用，要求他们按时按质完成作业，进行高质量的课外阅读，同时，注意保护视力，提升体质。现今学生视力水平持续下降，甚至一些幼儿园孩子都开始戴眼镜，要引起充分重视。针对学生视力的下降，未来学校也会出台相应的管理措施。

以上对新形势下的学校进行了 SWOT 分析，对此，也提出了针对性的改变和提升建议。学校的发展面临着新的形势、新的挑战、新的机会、新的困难，我们也要有新的措施加以应对。

其三是学校的新增长曲线。

首先请允许我简单介绍一下第二曲线理论，它的概念和基本应用。通常我们所了解的第一曲线，是指线性增长理论。所谓线性增长，是指在原来的基础上，保持匀速地增长。这种增长方式一般发生在企业或个人发展初期，是一个逐步提升的过程。随着对内外部环境的适应，熟练程度的增加，主体会达到高速发展的状态，但到了一定时期，增长速度会逐步减缓并进入失速阶段。也就是运动过程在达到峰值点后，增速会趋向停顿，随后进入下降。以个人为例，如果在事业发展中不能掌握自身发展曲线，就不能把握发展动态，发展就会停滞不前，甚至走下坡路。我们要做的，是在第一曲线失速过程中施加外力加以改变，也就是在其到达极点前给予第二曲线，从而实现再一次上升，带来更高的效率提升。如何实现第二曲线呢？需要不断地创新、变革，增大自身极值，需要自我革命，改变过去固有的模式和方向。

2019年1月11日，习近平总书记在党的十九届中央纪委三次全会上发表重要讲话，指出"在进行社会革命的同时不断进行自我革命，是我们党区别于其他政党最显著的标志，也是我们党不断从胜利走向新的胜利的关键所在"。这就是我们所要学习和提升的地方。无论是个人还是国家，都需要不断给予第二曲线，自我革命、自我提升，才能保证事业极点不断上升。对于学校而言，给予第二曲线，就是要不断做出改变。

今天我们学习第二曲线理论，就是为了让大家思考教育与社会发展的匹配模式问题。工业4.0时代，要将现代大数据、智能化充分利用到教育、教学中，使我们的教学过程变成真正可学的过程。在课堂上，我时常跟大家交流教学过程，在五年、十年、二十年前许多教学方法都很好，但现在已经不再适用，需要改变。教师教了半天，学生并没有学，所以我们需要将"双减"概念落实到"双提"的效果之上。

减负的概念大家已经十分熟悉，年长的老教师或者退休教师都知道，中国没有停止过减负。新中国成立以来，早在1955年，教育部就下发过《关于减轻中小学生过重负担的指示》文件，为中小学生减负。之后每隔几年，就会有新的减负政策或文件出台，至于这次和往年有何区别，是否有重复，我发现这次出现了重大的改变，代表了国家重要策略和方向的改变。如果能真正落实，就能达到我们所说的教育改革成效。

"双减"一是减学生超负荷的作业，二是减外围学科性辅导，所以自2021年7月发布以来，短短一个来月时间，大家发现相当于一个核弹在教育界爆炸。短短的一个月内，据不完全统计，深圳已经有20多家培训机构关门，有 2 000 多名教培机构员工需要重新寻找就业岗位。包括我们最近招聘的老师，许多来自教培机构，这也是一个现实情况。

我先谈谈总的方向，国家这一次"双减"是为了什么。1981 年中国共产党第十一届六中全会指出，在社会主义初级阶段，我国社会的主要矛盾是人民日益增长的物质文化需要同落后的社会生产之间的矛盾；党的十九大提出"新时代我国社会主要矛盾是人民日益增长的美好生活需要和不平衡不充分的发展之间的矛盾"。经过改革开放，我国经济取得了巨大发展，未来要让老百姓享受到国家高速发展的红利。现在改变极端贫富不能靠革命的手段，不能像以前打土豪、分田地一样，要让当年依靠国家、人民赚钱的利益团体为社会做捐赠、做贡献，所以众多企业纷纷开始做慈善。这样的模式和目标会使得社会更具备公益性，且发展更加均衡化。在社会层面，教育要立德树人、因材施教，要让学生知行合一、全面发展。这正是国家政策方面提倡的定制教育方向。从国家政策大方向来看，要让教育不再具有奢侈性，所谓奢侈性，通俗地讲，就是有钱就可以获得更好的教育，没钱就读不上书。要改变教育这种过于竞争化的模式，不能以教育作为竞争的切入点，从而弱化了教育的公益性。

学校在第二曲线增长模式里面，结合"双减"应该怎么做？那就是实现从"双减"到"双提"的改变，提高课堂教学质量，提高教学服务质量，朝着国家政策方向，强化社会公平、公益，实现均衡化发展。2021 年，习近平总书记在"七一勋章"颁授仪式上告诫我们："心中有信仰，脚下有力量。"这就是我们的力量所在。服务思想作为一种有效的策略，如何落实在五维课堂中？重点在了解学生的学情、了解我们的教学目标，给孩子们提供适合的教育，制定有效的教学资源、教学策略以及教学评价，改变过去唯分数、唯帽子的方式。学校启动"四点半课堂"延时服务、七大学院课程等，促进学生德、智、体、美、劳全面发展，就是在做好服务。

其四是策略和重点工作。

光有理论还不行，我们还要有实践。2021 年国家和地方教育部门相继出台了几十份关于教育的规范性文件。总结起来，重点包括以下几方面工作。

第一，师德、师风方面。

除了前面讲的 8 项规定、教师 13 项等，现在又有一些新的规范。比如广东省教育厅转发的《教师职业道德行为规范处理工作指引》，简单来说，就是对工作、教学，从法律、法规、活动方面予以规范。对工作的服从、教学完成情况都要做考评，针对体罚学生问题，学生面临危险时的做法，都有指引和规范。对在各项考试以及职称评定方面有徇私舞弊、弄虚作假问题的，对有偿补课或其他营利行为，都要严格处分。现在赋予了学校处分权限，校长在依法依规的情况下，可以解聘严重违规的人员。当然这是分层次的，一般犯错，是批评、教育、约谈；重一点是纪律约谈，会叫党务干事坐在旁边做记录；最严重的，要报到上面备案，并列入个人档案。大家会发现，严重违规的人会被解聘，所以要注意，千万不要碰"红线"。

另外，提醒大家在言论方面，要做到为人师表，不造谣不信谣，对捕风捉影、影响社会团结、影响国家安全的言论，要坚决抵制。对造成重大影响，涉及学校、社会稳定的小团伙情况，要严厉处罚。纪律、廉洁、补课等方面都属于红线，千万不能触碰。

学生保护方面，请大家反复学习关于未成年人保护法的规定，特别强调"体罚、侮辱、性侵"这三个关键词，坚决避免。对学生进行正常的训诫教育是允许的，但不能体罚或带有其他目的。作业是要改革的重要地方，教育部已经多次提出要求，并相继出台了一些具体措施配合改革。

第二，温故知新，"炒点现饭"，让我们的管理和教育教学更加通畅。要多持欣赏的态度。

欣赏你的同事，我们好不容易走到一起，大家来自五湖四海，不管是毕业来的，招调来的，还是借调来的，还是家属来了以后调整来的，来了就不容易。每个人都有自己的优势、特点和擅长之处，要学会欣赏你的同事。过去有一句话叫文人相轻，我们要改变这种方式。每个人都有他的优势，要学他的好，不能老盯着人家的缺点。

欣赏你的领导。一个人能做领导，绝对有他的过人之处，你要相信这一点。我们所谓欣赏领导，既包含对上级的尊重，也包含对事业的传承。如果我们都带着敌对的情绪看待上级，永远无法发展和做好自己的工作。这并不是说要阿谀奉承，所谓的欣赏是共生、共发的。

欣赏自己。这看起来有点自恋，但不过分。有时候我们对自己缺乏自信、缺乏自我把控，觉得凡事不行。要相信自己。每个人来到这个世界都不容易，要相信，天生我材必有用。

欣赏对手，他会给你带来不一样的感觉和动力。欣赏对手是我们的重要态度。它还有魔镜效果。所谓魔镜效果带有一点道家理论，可作为一种自我认识管理。我们从镜子里面会看到自己，看到自己实际上也就看到了自己的内心。所以就有这么一句话，如果你从魔镜里看到的是邪恶，说明你心里是一个魔鬼的心态；如果你在镜子里看到了天使，那么你就看到了自己的善良。希望我们能从镜子里看到自己的善良所在。

第三，熵变理论。

这个世界永不改变的信条就是改变。我们为什么要努力实现教师发展的第二曲线？就是要不断改变自己，在这个社会中实现自身发展、成长和提升。我们人生为什么经常焦虑？就是因为自己不愿意、不能够、不想改变过去，所以就比较焦虑、比较痛苦、比较烦恼，从而无所事事。我们人类进化就是不断熵减的过程，所以当前理论对我们的发展也很有启迪作用。

第四，规则和自律。

有这么两句话。第一句话，规则是自由的保障，自律是生命的摇篮。我觉得作为发展来说，这句话还可以延续。要想让自己更有自由性，就要守规则。我一再强调不要触犯规则，否则就会失去自身的自由。自律是生命的摇篮，在成长管理和教育教学中，自律对个人来说非常重要。未来的教育方向以及发展有一些什么样的模式？习近平总书记指出，要坚持教育公益性原则，着力构建优质均衡的基本公共教育服务体系，建设高质量教育体系，办好人民满意的教育。所以未来的教育将是对公益性的坚守。未来的教育本质就是要做到立德树人，因材施教，学生德、智、体、美、劳全面发展。未来的教育片面的竞争性减少，教师的职业获得感、道德感、社会尊重、文化认同、价值体现将更加显著。所以一方面，我们提高教师待遇，另一方面，又不断地清理我们的教师队伍，让那些不符合社会主义道德、法律的人离开这个高尚的队伍，让这个队伍更加具有社会认同感和国家意识。

其五是重点工作。

下学年我们的重点工作，简单来说就是五大模块，15 项任务。

第一个模块是教学，有 3 项任务。

一是教学常规的更新、调整、规范。统筹教学处会陆续推出相应的管理制度和政策要求。大家要积极配合，做好相应的准备。二是教研提升。教学研究它不是一个噱头，是如何提高我们的教育教学质量，如何在这个具体教育教学过程中符合国家大方向、大政策，实现我们的定制教育、实现我们的因材施教，让我们的学生德、智、体、美、劳全面发展。三是作业提升。学业提升就要通过信息化、市场化手段去改变我们的教育教学。对此我们下个学年要有一些改变。作业也是一样，能不能至少分成 3 层？有一些是最基本的，大家都掌握，有一些是中层需要通识性把握的，还有个别需要上网去跳跃性解决的。如果每一堂课都像今天这样，作业的质量会受影响，作业的反馈也会问题重重。

第二个模块是学生发展。

我们要对学生进行九合一的综合评价，不能够以分数定学生终身。上个学期有个班一个孩子出现学业问题，有些老师义愤填膺。我一再提醒大家，分数只是我们考量的一个部分。我们要将公平、公正、道义以及学生发展做综合性的考量。学校的主体是学生，必须表现出以学生为主体的各种模式。在学校文化建设、活动等方面，这个主体要非常明显。此外，还有家校课程的完善。学校的发展离不开家长，对于家校课程项目的理念改变，要有一些新的举措。

第三个模块是教师发展。

教师发展模块里面也有 3 项任务，一是教师平台的搭建，二是确定教师的不同发展方向，涉及学校给教师定制，提供什么样的平台，三是给予不同的培养方案，开展对外交流等。

第四个模块是安全，既包括人身安全，也包括政治安全以及防御工作。

关于过去常规的安全，安全部门已经给大家做了很多要求和规范。在此提醒两点，一个是政治安全，在国际形势发生变化的时候，西方国家敌对势力，在我们内部挖掘、策反和培养代言人的现象会日趋严重。虽然我们教师不太可能涉及，但是要引起注意。二是人身安全，我们是一个集体，具备共同的荣誉，需要共同分担所有任务。每个人都有自己的困难和问题，这是可以理解的，特别是有些女同志确实辛苦，在这里我也向老师们表示感激。校园政治安全、防疫工作值班，一岗双责，包括班主任、副班主任、主管领导都会给大家提出一些改进措施，希望大家共同遵守。

第五个模块就是特色建设。

十二年一贯制学校的优势就要通过联通、提升，使得教育教学更具有真正的一贯性。2020年刚做的时候有一点压力，包括一些投诉涉及是否有政策支持等。在顶住压力后，上级部门逐渐肯定我们的做法，我们也进一步加强了一贯制教育教学研究。在小初衔接的模式下，我们会继续做未来课堂。在教育教学过程中，如刚才第一模块所提到的，在教育教学、学业提升，以及作业改变方面学校会考虑一些新的支撑点，这也是我们的特色发展。我主持的省级课题"大数据下的定制教育教学模式"就会涉及这些内容，也希望大家参与研究，献计献策。

最后，体校融合俱乐部是一个意向。现在国家大力提倡德、智、体、美、劳，就是给学生提供不同的平台，我们在"四点半课堂"里面给孩子们很多选择，这一点非常好，家长也非常赞赏。

这就是重点工程15个项目的任务分析。相信前海学校在我们大家共同努力下，会越来越好，越办越成功。

教师期末总结

2021年散学典礼大会换一种方式，通过直播的方式，跟大家一起来沟通和交流。

今天的会分成以下几个部分。

第一部分，就2021年学校的十大工作给大家来简单回顾一下。

第二部分，就2021年我们老师、学生取得的一些成绩跟大家做一个分享，对其中的社会影响也反馈一下。

第三部分，就我们最近的主要工作和要求进行说明。

第四部分，就"双减"的一些内容，跟大家再沟通一下。

其一，2021年十大工作。

2021年是比较艰辛的一年，也是富有成效和收获的一年。我把我们这一年里面一些比较有影响的事情跟大家分享一下。

第一件事，我们在5月份通过"清华讲堂"向外界传递了学校的办学理念，这是一个突破性的，或者说是一个历史性的事件。"清华讲堂"历来只面向高等院校的老师，比如北大、清华的一些知名教授，他们会在那里宣讲一些观点和理念。2021年开始第一次对国内中小学开放。我有幸成为第一个中小学校长代表，走上"清华讲堂"，这是我的荣誉，更是咱们学校的荣誉，我们正好趁这个机会向世界发出前海人的声音。"清华讲堂"的影响力还是非常大的，当时网络直播观看人次达到12万，后续应该还有增加，这个我没有统计。

第二件事，是我们的对口帮扶工作。9月份，前海学校一名副校长赴新疆喀什支教，一名老师赴广西荣盛支教。10月份，一名原支教教师获得教育部"万名教师支教计划"先进个人，同时获得"喀什优秀支教教师"荣誉。12月份，学校领导班子一行5人到广东省河源市连平县龙街镇龙街中学开展帮扶交流活动，促进了该校的教学提升，取得了较好的反馈。2021年我们支教帮扶了三所学校，这个工作量也是挺大的。

第三件事，学习南山区第八次党代会精神，进一步明确了学校的工作方向，引领改革走向深入。2021年我们的党建工作得到了一个很大的提升，也得到了区里面的表彰和肯定。

第四件事，学校学习党代会精神，强化党建工作的经验在全市推广，获得了深圳市党建引领、基层治理、立德树人示范项目立项。我们的党员志愿者在抗击疫情、疫苗接种等志愿服务工作中有良好的表现，许多党员发挥了积极的作用，为市、区，包括我们周边社区防疫工作的有效开展做出了贡献。防疫工作对志愿者的需求量是非常大的，我们的老师志愿者都是利用自己的业余时间来为大家服务，工作非常辛苦，而且没有任何报酬，正因为他们的奉献，我校党组织今年获得了"先进基层党组织"的称号。

第五件事，通过隆重庆祝中国共产党百年华诞，我们制作了学校的彩绸团体操《庆百年》、创编了大型音乐朗诵剧《从红船到巨人》，点亮了"百校"庆"百年"的火炬。这些活动在全市得到了很高的评价。

第六件事，锐意进取，获得了可喜的科研成果。2021年，前海学校获得区级立项课题包括学生课题一共31项，在区里名列前茅，得到了区里面相关专家和领导的肯定，形成了前海人人有课题的良好局面。课题，就是你的研究、你的教学、你的工作，这些东西跟我们的工作是息息相关的。我跟大家说过一句话，问题就是课题。你在工作中遇到的问题、教学中遇到的问题、管理中遇到的问题，都是你要研究的课题。所以这个立项实际上就是把我们的工作进行了梳理和归纳，让它更加系统化、更加科学化，同时也帮助我们来提升自己的专业理论水平。当然，从更实惠来说，老师们评职称、评衔、评优等也都需要有这些显性的成果。

　　第七件事情，我们的特色课程得到了家长、学生以及同行的认可。课后服务，特别是"双减"制度下来以后，学校的课后延时服务，在各项反馈里面是相对比较靠前的，这个反馈是正向的、非常好的。对于我们的"普及课程＋精品特色课程""人人有社团，人人有参与"，家长和学生的满意度都非常高。南山区的调查数据显示，我们的课程项目得到了最多的肯定。

　　第八件事情，减负提质，让学生获得全面发展，这是我们一直重点关注也是正在落实的点。2021年下半年，我们按上级要求部署、落实减负提质工作，通过研究政策，制定策略，落实方案，积极探讨，实践反馈，不断推动这项工作的进展。前海学校的发展理念，是让每个孩子都获得成功，虽然还不能够完全达到，但是我们在这条路上是越走越开阔、越走越顺畅。老师和家长们慢慢得心应手起来，学生也在改革中获得了更好的发展效果。

　　第九件事，防疫工作。在防疫工作中，大家众志成城、团结一心，各方面工作有序推进，反馈是非常好的。在这里也感谢大家这一年的努力和支持。

　　第十件事，学校的整体提升。学校在"十四五"规划里面做了相当多的调研，做了一些策略性的指引，以完善我们的"硬件"和"软件"，包括内部的精致化管理、外部的精准化调整，教师队伍的建设，教学策略的转变，学生成绩和认知提升，也包括社会、周边社区、家长的反馈，还有中考成绩的提升。这些虽然我们不去宣传，也不去排名，但是人人心里有一杆秤。所以2021年，可以说，学校在整体文化，品牌树立以及影响力方面都有提升。

　　以上我简单地把2021年工作归纳了10个方面。从党建工作、学校治理管理、教育教学研究、政策导向，到学校工作落实，到学生成绩、学习效果提升，等等，这些工作都是全校师生，3 000多学生加教职员工将近4 000人努力的成果，是近4 000人的努力成就了我们前海学校的辉煌和成就。

　　其二，师生取得的成绩。

2021 年，也有相当多的教师和学生获得了很多的荣誉。因为名单多，我就简单地说几个方面。学校荣誉方面，比如深圳市中小学围棋比赛，我们获得了团体第二名；深圳管乐艺术节，我们跟市里面有十多年管乐发展史的深圳高级中学一样，获得了优秀，但我们才发展一年时间，这个成绩是非常可观的。其他，像学校的少先队或者市少先队、红旗大队以及南山区的各项奖励也很多，我就不一一列出来了。

前海学校的老师们在 2021 年通过扎扎实实的耕耘，取得了累累硕果。我这里拿了一份获奖名单，一共有 200 多项，我简单点一下。挂一漏万，能获得市级奖项的老师还是很不容易的。刘老师，市级优秀教练；崇老师，市级优秀专家；姜老师、周老师，市级优秀团队奖；张老师，深圳市青年教师基本功大赛二等奖；刘老师，市级优秀指导奖；王老师，市级指导奖一等奖；曾老师，信息论文比赛指导奖；郭老师、秦老师，市征文大赛获奖；黄老师，市教师技能大赛一等奖；还有陈老师，市级优秀教练，等等。区里面也有很多获奖，获区级优秀干部等荣誉的有 100 多人。有一些有特色的，比如百花奖，唐老师、王老师、李老师，分别获得了特等奖、一等奖、二等奖。

我们的体育组，这次成绩非常优秀，把区级教师技能大赛所有奖项都囊括了。体育组的 16 位老师，真是不简单：除了老师们的获奖，这一年学生在各级各类比赛中，累计将近 1 000 人次获得优异的成绩，这是非常了不起的。

我们的社团在各项竞赛之中摘金夺银的也很多，比如棒球队，获市级优秀社团奖，围棋队，获市级乒乓球比赛第二名。还有很多成绩，我就不一一列举了。

在这里，一来我向老师们个人取得的成绩表示祝贺，二来我要对老师们的辛勤付出表示感谢，感谢老师们给我们的孩子带来了更好的机会、更多的平台。我相信，未来我们的教师自身在各项比赛、教学、科研或者课题方面，还会有更好的展示，也会带领我们的孩子走向更美好的未来。这也是我们前海的未来、前海的希望。

其三，最近主要工作和要求。

刚才我们做了一个回顾，2021年我们有很多成绩，当然，也有需要提升和改进的地方。就目前来说，工作临近收尾，假期要开始了。疫情还没有结束，大家要注意身体健康，外出一定要注意做好防疫相关的工作。学校层面，假期会实行封闭管理，也会安排设施设备更新工作，对校园做一些改善休整。

其四，"双减"工作。

下面我就"双减"工作和大家做一个沟通，给大家在思路上再理顺一点，让我们接下来的工作做得更加有序、完整，也更有实效性。

2021年7月，中共中央办公厅、国务院办公厅发布《关于进一步减轻义务教育阶段学生作业负担和校外培训负担的意见》，由此在全国范围内正式拉开了"双减"工作的大幕。上学期开学简单地为大家梳理了一下什么是"双减"工作，要做什么，如何做。那个时候可能大家还比较迷茫。中途我也给大家做了一些分享，有一些同志有了一些认识和比较好的理解以及操作，还有一些老师在那里盼望，也在那里焦虑。就在上周，深圳第一教育频道专门对我进行了一个采访，学生中心和教师文化中心也把相关的视频和评论推送给老师们了，我希望老师们看一看，听听讲座，看看下面的评论。有些老师跟我反馈，好像有这么一个想法，我不知道这种心态是什么，就觉得在群众中、在工作中去响应校长的讲话，好像是很害羞的事情，不好意思，好像说这是不是在讨好校长，是不是在有意地跟校长套近乎，如果还带这种思想，那你真的是太落伍了。所以就这些工作我梳理几个方面跟大家来分享一下，希望大家能够跟着我的这个思路一起来谈谈认识和理解。

第一个就是针对刚才说的这种现象，我认为，你要改变旧的习惯思维。

党的十八大以来，党中央重点强调和宣传了几个核心概念，我们作为教师，要对国家的方针政策非常清晰，这样的话你越努力，效果就越好。哪几个关键的词呢？

第一个是增强"四个意识"。

我在行政会上，经常会考一考我们的年轻干部，包括小范围的学习会上，也会考一考大家。四个意识，是哪四个？

我这里强调一下，四个意识，第一个是政治意识。你做任何事，你所有的行为，政治方向不能错。这一点我相信大家都知道，但是在实际工作中能不能做到呢？

第二个是大局意识。国家有国家的大局，市、区、县、学校，也有自己的大局，这个大小是相对的，对国家来说我们是小局，对你个人来说这个就是大局。对我们来说，学校的整体发展和方向就是大局。我们每个人都会有自己的一些想法、需求、目标。这个并没有错，但是我们从来都是这么一个观点和要求，个人服从组织，少数服从多数，小局服从大局，这就是大局意识。所以当我们的需求、想法与大局产生矛盾的时候，你必须义无反顾地维护大局。

第三个是核心意识。作为一个整体、一个集体，大到国家，小到单位，都必须有集体观。如果大家各自为政、各行其是，我们的工作就很难做到有效和一致。我们要有一个核心意识，为了这个统一的目标、为了集体的荣誉，上下一心、齐心协力、不讲代价、不求报酬、立场坚定、无怨无悔，这样才能够快速有效地做到最好。这就是核心。我们所有的工作围绕一个大的核心，工作的每一个节点都朝这一个方向来努力，就不会有失误，不会有偏执。

第四个是看齐意识。看齐，向哪里看？看到什么？这一点对教师来说应该是最容易理解的。我们要向模范看齐、向优秀看齐、向标杆看齐。而在我们实践工作之中，可能有的同事会出现一些抱怨和情绪，他也看齐，他是往低处看。"张三这个事情只做一点点，我为什么要多做？李四，他怎么样怎么样，做得不好，我为什么要做得好？"这不是往前方看，而是往脚底下看、往后方看。这个看齐意识就出现了问题。我们教师都是高级知识分子，理解能力很强，我就不过多解释了。这是四个意识。

第二个是坚定"四个自信"。

哪四个自信？

一是中国特色社会主义道路自信。

二是理论自信，我们建立起马克思列宁主义、毛泽东思想、邓小平理论、"三个代表"重要思想、科学发展观、习近平新时代中国特色社会主义思想，这一系列的发展都是结合中国特色社会主义来不断完善和提升的。所以我们要对自己的理论有一个坚定的信念，这样才能够在工作之中保持一个正确的航标和方向。

三是制度自信。制度自信是对中国特色社会主义制度具有制度优势的自信。坚持制度自信就是要相信社会主义制度具有巨大优越性，相信社会主义制度能够推动发展、维护稳定，能够保障人民群众的自由平等权利和人身财产权利。

四是文化自信。文明特别是思想文化是一个国家、一个民族的灵魂。我们有博大精深的优秀传统文化；有鲜明独特、奋发向上的革命文化；还有承前启后、继往开来的社会主义先进文化。我们要坚持文化自信。

第三个是做到"两个维护"，即坚决维护习近平总书记党中央的核心、全党的核心地位，坚决维护党中央权威和集中统一领导。做到"两个维护"要知晓"四个全面"，即全面建成小康社会、全面深化改革、全面依法治国、全面从严治党。我们实现了第一个百年奋斗目标，在中华大地上全面建成了小康社会，历史性地解决了绝对贫困问题，正在意气风发地向着全面建成社会主义现代化强国的第二个百年奋斗目标迈进。

回到刚才我说的"双减"工作，为什么我要让大家学理论？就是说，所有的工作掌握了正确的方向才能知道路怎么走。有了理论指导，你就会对"双减"工作的开展、要求、做法以及效果有一个比较明确的方向、导向和策略。刚才我不是说在调研、反馈之中，个别老师说反馈、响应校长的话会不好意思吗？你们一定要知道，对学校的维护、宣传，对身边优秀教师的赞扬，对孩子们成长的表彰，都是我们前进的动力，我们所做的一切不是为了让校长开心，也绝不是为了讨好校长，所以要改变过去的思维模式。

结合刚才讲的这些，我给大家提"三点改变"。为什么要提"三点改变"？有的老师学得好，能够把所学的用在自己的工作和实践中，你就会发现他成长进步得很明显，而有的老师就不屑于学习和改变，所以他就会焦虑、痛苦，甚至会感觉到被淘汰。

之前讲过的我就不过多地重复了，三点改变，第一点就是要改变我们的旧思维。"双减"政策下来以后，大家会发现我们过去的一些做法、想法和运作模式可能要重新修订。也就是说，要把旧的习惯改变，这让很多人不适应。其实这个东西说开了应该很好理解。

很多人觉得改变自己很困难，你为什么觉得很困难？是因为你没有掌握变化的节奏。比如，一年有四季，当然深圳一年就两季，哪怕一年两季，它也有一个春夏之交，对不对？春天到夏天，季节在变化，冷的时候，我们要穿厚一点；热的时候，就要穿薄一点，穿衬衣、短袖之类。但是在季节交替的时候，我们会发现很多人乱穿衣。包括我们的学生有时候也会这样，一大早来，我经常在门口逮着孩子，说"你怎么又穿个短袖？你不知道季节变化了吗？"季节变了，穿衣也要改变，把握得好，可以预防生病。所以大家会发现，在季节交替的时候特别容易生病。我们的工作、发展也是如此，不可能一成不变。这个世界上唯一不变的就是变化，一切事物都处在变化之中。你一直用过去的思维、过去的策略、过去的手段来面对现在的问题、现在的困难、现在的发展，你就是在淘汰未来的自己。我希望大家感受、体会一下这些观点。所以我讲的第一点改变，就是改变我们的旧习惯旧思维，就像季节更替一样，你要看天穿衣。

第二点改变，通俗一点说，叫"学会吃药"。我们一些年龄大的老师看到后辈进步，看到年轻人快速成长，经常会发出感叹："长江后浪推前浪，一不小心把我拍在了沙滩上。"为什么会"把我拍在了沙滩上"？有句话叫"大浪淘沙"，讲的是社会变革期间，很多人在大浪来的时候，没有应对，就像前面一句话说的，被拍在了沙滩上；而那些抓住时机的、会游泳的，在面对大浪的时候，反而会脱颖而出。这跟我刚才讲的第二点，"学会吃药"有什么关联呢？大家看是不是这样的：比如校长找到某老师，说你这个地方，这个教学策略似乎有点不妥。年轻的可能嘴上不敢说，想着"既然校长说了我忍忍"，但心里可能不服，这个可以从眼神、态度、形体看得出来；有些资历老一点的可能就会直接怼回来："校长您有 35 年教龄，但您有 8 年没上课了吧？您哪知道这个该怎样？"我在想：会不会同事之间也这样？不说疫情，就说平时我们有个头疼脑热，或者哪里不舒服，会怎么办？肯定会紧张兮兮地跑到医院去，对不对？有时还要找名医，找德高望重的老专家来看看。此时医生怎么说你，你都觉得心服口服。不让你吃肉，你就不吃；叫你运动，你就去跑步。针对你的坏习惯，医生骂了你一通以后，你是不是很老实、很乖？我回去改，我就吃这个药。这里讲到"吃药"，发现有什么区别？我刚才讲的两个对比有什么区别？可能有人想到了，有人不一定想得到。为什么面对医生的批评、指责、要求，你能坦然接受？因为在你的思维里面，你确认自己有病。所以自愿去吃这个药，你就毫无戒备，甚至可以说，就心甘情愿去吃这种药。有时简单打个针，吃了药，病就好了，有时重一点，可能就要住个院、开个刀、化个疗、打个激光。在我们的生活、成长、工作之中，你会发现你不愿意承认自己得病了，就不能够接受来自外界的劝导、来自外界的帮助，你就会回避、对抗、抵触。因为你不认为自己有病，这就会导致你的病情越来越重，越到后面反而越麻烦。不一定是吃药才叫治，你改变自己、锻炼身体也是治疗，对不对？你不去改变、不去维护，就会酿成大病，身体上的病还有医生可以帮助你，你还可以看得到。其他方面的"病"你不一定看得到，关键是别人告诉你了，你不敢认、不敢接受，这才是最麻烦的地方。所以我说的第二点就是"学会吃药"。这个药是什么？你怎么样去接受它？作为知识分子，你一定要明白这个道理。

第三点改变，就是要不断地更新你的"软件"。现代社会信息化发达，我发现我们所有人都离不开智能手机了。这个是很明显的。软件的更新换代让你的生活管理有了一个大幅度的提升，这是物理世界的软件提升。作为我们人，这个地球上最高等的生物，你的思维软件也必须更新。以前学电脑，年纪大一点的同志或者学信息的还知道，我们最开始用的是什么？CPU 型号 286、386、486，对不对？我当时参加工作的时候，单位唯一一台 486 给我用，因为别人不会用。你看现在都已经发展到什么程度了？在 286、386、486 时代，也许你的想法、你的思维模式、你的做法是先进的、是合适的、是有效的、是最优的，但随着时代的变化和发展，到了今天，你的那些东西就要更新。你必须更新，你不更新就没法在这个时代运行下去。你现在拿一个老年机，拿一个过去的数字手机，还能刷微信，还能去刷帖吗？做不到了，不可能的。所以第三句话，你必须更新你的软件。

这就是我今天要跟大家分享的三个建议，简单回顾一下。

第一个建议，改变你的旧习惯旧思维；

第二个建议，"学会吃药"；

第三个建议，更新你的"软件"。

如果你们能够接受这一切，我相信未来你会活得得心应手、心情舒畅。

就着这个话题，我把前一段时间给大家写的"唐氏八条"，拿出来说一下。

第一条，让孩子在生活中学习，而不只是在书本上学习。你看我前几年提的这一句话，现在"双减"也在要求：减轻学生过重的、机械性的、重复性的无效作业，提升他们在实践中的学习智能和要求。

第二条，每个孩子都是天使，而不是教师的产品。这个也是基于时代的变化提出来的，我们在工业 1.0、2.0 时代，学生可以说是老师"手中的产品"，因为只有那样才符合那个时代的需求。但是现在时代变了，每个孩子，也许不能够完完全全成为我们老师心目中的样子，但是他们都是有个性特色的天使。

第三条，教师要成为宝石挖掘机，而不能成为水池和水缸。这也是一个发展过程。我在深圳教育第一频道也讲了这个观点，过去有句话叫给孩子一碗水，教师就必须具有一缸水、一池水。在 20 年前，这句话非常正确。因为那个时候我们是要把知识传递给孩子的，重在传递层面。教师要想完成对知识的传递，没有大量的储备和积累，就不可能做到，但现在我们不能再停留在这个层面了。不是说不能、不需要做水池、做水缸，而是不能停留在这个层面，我们还必须具有挖掘孩子潜能、天赋的这种能力，把孩子打造成真正的宝石。

第四条，课堂是一面佛镜，而不是照妖镜。你会发现很多女同志，天天看镜子，对不对？你看到的镜子是什么？就是你自己，对不对？当你化好妆，整好发饰、服装，你看到的就是你最美丽的一面。这个美丽的一面是不是你想展示给大家看的？男同志可能不在意，但是也会尽量把自己最好的一面展示给大家。所以我们说课堂是一面佛镜，就是你要让这个课堂变成学生展示自己优秀的平台，而不是出丑的地方。

第五条，善待你不喜欢的孩子，将来他会留在你身边。很多老师，包括一些校长很开心地跟我说，这句话说得真好。我们过去习惯上都喜欢优秀生，不喜欢差生。所以十年二十年后，有些学生来找老师，说当年你冤枉我，所以我对你如何如何。这个我就不展开了。

第六条，做自己相信的事，教孩子你明白的道理。

第七条，不要吃得太饱。孩子的学习也是一样，这个大家都会理解到。最后一句，凡事修炼。

第八条，不要等到记忆可以遗传时，教师才考虑转变。这句话什么意思？我原来做过解读，今天不再解读了。

好，今天跟大家分享了很多，从前面一年的工作、成绩的取得，到我们在"双减"过程中遇到的一些问题，再到结合"双减"来提升自己的理论认知，做到改变自己、提升自己，让你的生命更具爆发力、更有生机，让你的未来更幸福和平安，也给孩子们带来更值得期待的发展。

教师效能可靠性分析

今天讲座的主题是"教师效能可靠性分析"。可靠性，一般指产品可靠性，指的是产品在规定的时间内，在规定的条件下，完成预定功能的能力。这个概念在理论和技术上已经发展到了一定水平。然而，在教育领域，比如在教师的高效能的可靠性分析和研究方面，却没有过多涉及。我这里想将有关的可靠性原理、模型及算法应用到教师效能研究和训练方面上来。咱们今天就围绕这个话题做个探讨。

深圳几十年来经济的高速发展，也带动了教育的高效需求，21世纪的教育，是教育的整体效能的提高。如今，深圳的经济不断发展，科技、通信、贸易、金融、旅游等方面要求未来的人才具有高效能高素质，这给我们教育行业培养人才提出了新的要求，在全面推行素质教育的大背景下，如何培养高效能的人才，我认为，对教师进行高效能的研究和训练，应该先行一步。

下面，我来说说教师效能可靠性分析的实际意义和影响教师效能可靠性的因素。

从各类学校教育教学效果来看，教师的可靠性占有极其重要的地位，从小学到大学，学生的品质、学识、综合能力等方面的培养，与他们所接触的教师密切相关；各类人才都是通过教师的台阶作用获得提升的。那么，教师作为教育教学系统的一个重要的、特殊的单元，对其进行效能的可靠性分析，有助于我们把握教师在什么条件下才能发挥最佳效能进行教育教学。

这里给大家提几个方面。

一是应力（stress）。应力是影响教师效能可靠性的重要方面，一个人如果承受过度的应力就会出现较多的人为差错。根据研究，人的行为效率与应力之间的关系可以描述成图 1 这样一个形式。从图 1 可以看出：应力并不是完全的消极因素，中等应力往往有利于人的效能提高到最佳水平；在低应力条件下工作，任务简单没有压力，效能达不到极大值；如果在超过中等应力条件下工作，人的效能反而会减低。因此，对教师在教育教学过程中的应力条件进行分析，有助于提高整个教育教学的效能。

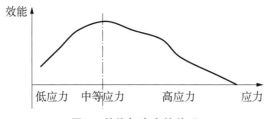

图 1　效能与应力的关系

二是影响教师效能可靠性的几个因素。

教师个人因素：

观察力，教师要顺利完成教育教学任务，必须获得三种信息：第一是关于教学内容和教学方法的信息；第二是关于学生的信息；第三是教师自身教育行为的信息。为此，教师就必须具有敏锐的观察能力。观察力是在教育实践中获得的，同时也要求有相当的理论知识为基础。

思考力，教师对待学生不同的心理条件，要有独立的和创造性的思维，其敏捷和机智程度，直接影响教育效能的表现。

情感，作为一种点对面的直接教育方式，教师的情感强烈地感染着学生，教育心理学称之为移情体验。教师对自己专业的热爱，对学生的挚爱，使学生表现出"亲其师，信其道"的移情行为。

意志，教师教育教学的成绩往往要通过相当一段时间才能体现出来，体现的是"十年树木，百年树人"；教师对自己所担负的工作的目的性和意义需要有明确的认识，在运行过程中，教师对遇到的各种挫折和困难所表现出来的意志力，极大地影响着其教育教学的效能。

品德，教师的品德除了平时所说的热爱祖国、热爱社会主义、忠诚党的教育事业、遵守国民公德等外显心理品质外，还包括克服个人内隐行为障碍，如智力障碍、心身障碍等方面。

师生关系的处理：

学校的师生关系是一种上下关系，表现在学生对教师的信赖和接受，教师对学生的爱护和教诲，教师与学生数量上是一对多，师生之间基本上是无相互选择性。这样，师生关系的处理对教育教学的效能就体现在相互的多重情感上。

环境与社会因素：

教师身处于学校－家庭－社区三维系统中，要接受学校校长的任务压力；要面对学生家庭关于学生成长的意见和监督；要置身于社区的评价和认可中。这些因素给教师带来心理压力，形成刚才提到的应力，影响着教师效能的体现。

另外，工作环境的好坏、工作时间的长短、教学设备的先进程度、工作分配的适宜与否、报酬及福利的高低、行政管理的合理性、身体的健康程度等方面，也都对教师的效能发挥起着一定的影响作用。

三是师生关系。

师生关系是中小学教师进行教育教学的一个重要的但是又容易被忽略的链环，它包括以下几方面内容。

建立良好的师生关系，包括：教师与学生坦诚相对；教师关心学生并让被关心者明白自己受到对方的重视；学生对教师并不过分依赖，具有一定的独立性；教师允许学生发展其独特的个性及创造性；教师与学生彼此能互相理解及适应。

教师对自身的了解，包括：教师对自己心态及情绪的了解及控制；教师对不同学生的感情差异；教师对环境所带来的影响的感受；教师对待不能解决的问题所具有的认识。

教师对学生问题的处理方法，包括：当学生遇到困难时，教师如何有效地进行帮助；当学生没有达到要求时，教师如何调整"不接受""不耐烦"等情绪；教师对学生进行要求时，采用哪些可以接受的语言更有效能；教师如何运用不同的技巧聆听和回答学生的叙说；教师如何运用不同的媒体语言传播所要表达的信息。

教师教育教学采用积极聆听的方法，包括：在教学中，以课题为中心进行集体讨论；在学生问题中，充分采用以学生问题为中心的集体讨论；积极聆听有抗拒心理的学生意见；积极聆听家长的意见；积极聆听社区及各媒体的意见。

教师处理学生制造的麻烦时应注意：克服无效的各种处理方式；寻找积极有效的不同处理方式。

教师在解决学生发生冲突时所应有的方式，包括：教师权威的使用及限度；教师解决问题过程的几个要素；冲突双方的平等"结局"。

教师在教与学的过程中所处的位置，包括：教师组织班级各项活动、制订各项制度时所担当的角色；教师在平时言行、举止、仪表等方面的训练。

教师与学生在价值观问题上产生矛盾时的处理方法，包括：抵触的消除；为对方所"用"；观念的共享；责任的分担；言教不如身教。

教师沟通家长处理好学生在家的学习及表现，包括：父母在孩子心目中的"教师"地位；家庭环境的营造；孩子学习习惯的培养；对孩子价值观的教育；孩子遇到挫折和失败时的对待方式；成绩好坏的处理；家长与教师建立的良好人际关系。

四是效能可靠性定量分析。

教师的模型概念。在人类工程学中，人的模型分为静态模型和动态模型。静态模型是研究人体的空间尺寸实物模型，以人体静态测量参数为依据，分析人体动作范围、区域等。动态模型是把人看成控制器而求出的数学模型，它既是一种计算机概念，又是一种用数学描述人机系统的方法和途径。它有利于分析和调控人的品质、稳定性、各方面行为的协调配合、优缺点及行为改进和提高等方面。

教师在处理师生关系时的动态数据。

教师与学生的空间距离。

任何人都对空间有一定的范围要求，当这个空间范围受到侵犯时，人就会自然产生一些反应，如回避、尴尬、狼狈、不快、争执等。教师要在实际相处中，把握对象（学生）的最小躲避距离，这种距离严格来说既有空间实际距离又有人的情感距离。与此距离有关的主要参数有师生交互内容、年龄、性别等。

教师的侧重心态。

教师在日常教育教学过程中，常常有优先权的特点，即先入为主的倾向，当先前输入的信息存储在教师的大脑以后，教师就喜欢把这种信息作为规则或参数，对后面输入的信息进行推理和判断。比如，一位新教师在接替原来教师任教教学任务或接替班主任前，常常要接受原教师的介绍：谁表现好，谁表现坏，谁数学好，谁英语差，等等；之后新教师带着这种结论面对学生，分别以不同的态度和心情去对待被定义为"好生"和被定义为"差生"的学生。在效能可靠性方面，这种"侧重"系数越大，可靠性就越低。

教师的权威性。

如果你问100位教师：您是否需要使用权威来控制学生？也许99位教师会给以肯定的答复。使用权威这一种观点是被社会、家庭公认的基本观点，那么推广到学校也似乎天经地义。然而，权威这一概念有两种截然不同的意义，在英语中，一种是基于知识、专门学识、经验的权威，另一种是源于教师奖赏、惩罚、规范学生行为的权力。前一种权威的效能如图2所示，后一种权威的效能如图3所示。

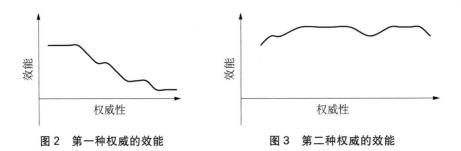

图2　第一种权威的效能　　　　　　图3　第二种权威的效能

从图 2、图 3 可以看出：基于学识方面的权威，随着学生年龄的增长、知识量的递增，教师的学识权威就渐渐降低；而对于奖惩方面的权威，却基本保持同一水平。如果教师在实践应用过程中，"权威"这组函数图的波形与上述两图越相近，则可靠性就越高。

师生的同步性。

教师与学生在交互过程中，努力达成双方的同步行为，以换取相互支持合作，这种效应绝大多数是积极有效的，但也有一些是无用的。

师生的相互依赖性。

学生常常依赖教师的呵护和传授知识，教师依赖学生按指定的各类程序去运行。这些依赖并不是完全无益的，有时对提高效能有一定的作用。

教师的主观性。

当某一种方案确实是符合实际时，人们除了相信这种结果外，往往容易拒绝其他的结果。教师在这方面的主观性，就容易导致学生个性的抹杀，逐渐失去创造性的本能。

教师的粗糙性。

高负荷或无任何压力的工作环境、受挫折的心理、疲倦的身体条件等，将导致教师精力分散、工作只是按定性去做，而不是按定量去处理。这也极大地降低了教师工作效能的可靠性。

五是教师行为的可靠度函数与纠正错误函数。

把教师看作系统内的一个主要部件，应用经典的可靠性理论，可以建立起可靠性模型。

记差错率为 $h_e(t)$，则有

$$h_e(t) = \frac{-1}{R_e(t)} \cdot \frac{dR_e(t)}{dt}$$

其中，$R_e(t)$ 是时间的行为可靠度：

$$R_e(t) = \exp\left[-\int_0^t h_e(t)dt\right]$$

当 $h_e(t) =$ 常数时，$R_e(t)$ 服从指数分布。

由于教师的知识水平、素质、技能等各有不同，在实际教育教学过程中或多或少会有成功与失败的地方，那么当失败（失误）发生后，教师处理失误所需的正确操作响应时间的长短，反映出其可靠度的高低。可靠性理论中，HCR（human cognitive reliability）计算模型比较适宜教师效能的可靠性研究。HCR 是考虑对时间变量进行规范化以后的可靠性模型，即规范化时间与人员不能响应概念之间的关系。教师对各类失误的响应能力大致可以分为三种类型：经验类型、规则类型、知识类型。其可靠性符合三参数威布尔分布，即：

$$P(t) = \exp\left\{-\frac{(t/T_{0.5}) - C_{ri}}{C_{ni}}\right\}^{\beta_i}$$

其中，t 为完成响应操作的时间；

$\quad T_{0.5}$ 为完成这些操作时间的估计中值；

$\quad C_{ri}$，C_{ni}，β_i 为各类教师素质的修正系数；

$\quad P(t)$ 为在给定的反映时间窗口条件下，不能响应的概率，即失效概率。

关于教师效能可靠性的分析和研究，还有待于各位同仁的共同努力，我这里希望通过提出这个问题，达到抛砖引玉，实现教育教学高效能的目标。

学生成长篇

本篇主要关注学生成长，从定制化的学生成长、学生开学寄语、培养学生的综合素养、智能时代的学生定制以及学生教育对谈等五个方面，深入探讨学生成长的相关问题，为学校和教师提供有益的指导和建议。

在第十一讲中，本书提出了定制化的学生成长理念，强调每个学生都有自己的特点和需求，学校需要为每个学生量身定制个性化的成长计划，以促进学生全面发展。第十二讲是学生开学寄语。开学典礼是学校的传统活动之一，也是学生展示自己的机会。开学寄语需要针对学生的特点和需求，引导学生树立正确的世界观、人生观和价值观，鼓励学生追求卓越和梦想。第十三讲主要讲述了如何培养学生的综合素养。学生的综合素养包括智力、品德、体育、艺术等方面，需要通过多种方式进行培养，促进学生全面发展。第十四讲主要讲述了智能时代的定制教育模式。随着信息技术的发展，学生需要具备良好的信息素养和创新能力。教师需要采用新的教学方法和手段，促进学生的信息素养和创新能力的提升。第十五讲是关于学生教育的电视访谈实录（录入本书有删减），通过与主持人对谈，进一步介绍前海学校提出的定制教育理念，以及在该理念指导下开展的教育实践、经验总结。

本章重点探讨了学生成长的相关问题，提供了一系列具有实际操作性的建议和方法，以期为学校和教师提供有益的指导和帮助。

定制化的学生成长

今天这一讲我跟大家一起来交流一下，我们给学生一个什么样的发展方向，给他们一个什么样的平台。党的十八大提出，"把立德树人作为教育的根本任务，培养德智体美全面发展的社会主义建设者和接班人"。习近平总书记围绕坚持立德树人这一教育的根本任务作出了许多重要论述，提出了明确要求。党的十九大报告进一步强调"要全面贯彻党的教育方针，落实立德树人根本任务"。我在之前的讲座里面也把一些教育政策和要求给大家做了解读。那么在学校具体操作层面，我们怎么样把立德树人、五育（德育、智育、体育、美育、劳动教育）并举这些思想演变成我们具体的培养目标和方向？学校拿什么作抓手，给孩子们进行一个实际的训练和培养呢？

1999 年 6 月，中共中央、国务院《关于深化教育改革全面推行素质教育的决定》提出：以提高国民素质为根本宗旨，以培养学生的创新精神和实践能力为重点，造就有理想、有道德、有文化、有纪律的德智体美等全面发展的社会主义建设者和接班人。之前有些老师也跟我做了一些交流，老教师可能还记得，那个时候提法是"德智体美"，现在我们在"德智体美"基础上加了一个"劳"，实际上这也是培养我们学生综合素养的一个重要方式。

关于提升学生综合素养，深圳市曾经提出过"八大素养"等，这些怎么在学校体现出来呢？落实到前海学校，经过研究，我们就用了学生成长"九个一"的目标。为什么提到"九个一"？因为学生的发展肯定是多维、多方向的，从某个角度来说，大家知道数学里面 9 是最大的单数，从中国传统文化来说，九是阳数之极，所以我们用 9 个方面来给学生定目标，是希望孩子们的成长具有无限的可能性。那么是哪九个方面，"九个一"是指什么？学校学生成长中心在今后的工作中会做一些具体的部署和安排，我这里先做一个解读。

第一个"一"：一生受用的行为习惯。

一个学生在成长中他的习惯是非常重要的。我们的孩子从幼儿园到小学、到初中，无论他成绩表现如何，将来他的成长是由他小时候的行为习惯决定的。所以要养成一生受用的行为习惯。

第二个"一"：一项突出的生活技能。

学生在成长过程之中，他的生活能力，对待事物、对待世界的接受能力，他如何去生存，如何去保护自己，这个技能是非常重要的。这一次疫情期间，我看小学部推送了一篇文章，是关于劳动的，非常不错。班主任布置了生活技能的作业，学生在家里叠被子、煮饭、缝衣服、搞卫生、大扫除，等等。学生自己收拾整理，这些属于基本技能，是最浅的，还有更多的技能，需要我们将来去开发去提升。

第三个"一"：一路伴随的艺术修炼。

前海学校的学生要成为一个什么样的人？我们说，培养的孩子走出前海以后，要带有前海的气质。人家看到这个孩子，无论他多大，走出去他的形象、他的服饰、他的谈吐、他的修养，代表的是他在学校受到的教育，这种气质是需要长期修炼的。我们用艺术来框定概念，就是要让我们的孩子永远保持一种得到大家认可和尊重的社会品质。所以艺术修炼也是我们需要重点提出的部分。

第四个"一"：一个强劲的健美体魄。

一个强劲的健美体魄，强调的是身体的强和有劲以及美这么几个概念。身体是一切的根本，抗疫期间，大家看到身体好的就扛住了，身体不好的也许就会受到感染甚至倒下。身体是一切的保证。我之前跟一些老师交流、跟一些孩子家长交流的时候，专门强调了这一点。小孩子在成长过程之中，身体的训练要远远大于对知识的获取，无论我们遇到什么情况，身体强壮，才能够保证学习的根本。你身体都没了，你还学什么？你身体都没了，你还怎么样有未来？

第五个"一"：一副流利的演说口才。

演说口才从阅读开始，孩子们要想丰富自己的经历，就必须从阅读开始，阅读了之后，你还要能够表达出来，而且能用不同的方式表达出来，这对我们学生的学业成长是非常有益的。

过去我们说有的人是"茶壶里煮饺子——有货倒不出"，是说你这个表达能力不够。在工作岗位上大家也会看到，从某个角度来说，那些相对能说会道的，很容易被大家理解认同，得到大家的拥护，这也是我们提升孩子们演说口才的一个方面。

第六个"一"：一种科学的思维方式。

好的思维能决定一个人将来如何为人处世，如何工作，如何面对社会。这是一种重要的品质和能力。所以这种科学的思维方式也是将来我们在学科教学和管理以及学生培养之中，要给孩子们去练习和训练的。

第七个"一"：一手漂亮的软硬书法。

这个"一"提得很具体，为什么要提到书法？书法是中国传统文化里面一种独特的艺术，它不光是一个写字的概念，那个是表象，写得好看我们说字好、不错，参加工作以后，谁的字写得好，同事们都很羡慕。孩子们从小开始练书法，除了说字面的优秀以外，更重要是培养一种气质。从小开始练书法的人，他能够静下心来，能够敏捷地去考虑问题，能够去忍受一些艰难困苦，所以我们从小开始培养孩子练书法，而且是软笔和硬笔都提，对孩子的未来发展是非常有益的。

第八个"一"：一些善良的互助伙伴。

在我们学生成长过程中，伙伴关系是非常重要，也是非常必要的。在目前来说，我们很多孩子还是独生子女，他们在家里受到了父母、爷爷奶奶、外公外婆六个人的照顾，所以他们对社会的接纳，对周边关系的处理就会有一定的空缺。

再加上我们现在是高楼管理模式，一回家铁门一锁，周边谁都不认识。小孩子来到学校这样一个大集体，他怎么跟别人交流、沟通、协调？怎么样得到大家的认可？在成长过程中如果有一些伙伴能够成为他终生的良友，对他来说将是莫大的收获。这是在学校期间我们需要给他们的。

第九个"一"：一项优秀的学科素养。

我们在设计定制教育的时候，会说每个孩子的发展是不一样的，它的潜能是不同的，每个人都会有他自己最优秀的地方，我们是否能挖掘出来？你可能是数学优秀，我可能是语文擅长，另外一个同学可能是美术优秀，还有一个同学是体育擅长，每个孩子都会有自己优秀的学科，我们要让他得到一个充分的发展。

那么，我们怎样在孩子的成长过程之中，用这"九个一"来定义发展目标，让他们在学校期间有一个综合的、全面的，从思维到行为到策略到修养等各个方面，有一个全面的发展呢？这"九个一"做到了，可以说，我们就达到了立德树人、五育并举的目标。

要让孩子们实现"九个一"的发展目标，同样要给他们提供一些相应的舞台。那么我们可以用哪些方式给孩子们搭台呢？

比如，我们来评选月度的进步学生，让孩子跟自己比，我进步了，也许我某个方面没你那么强，但是我跟自己比，我在提升。

我们还可以评选年度的十佳学生，根据他擅长的学科评选"××学科小博士""××学科小院士""前海之星"；可以通过我们前面说到的多个方面的学院课程，让他们在这些学院课程里面成为领袖型的人物；可以通过项目学习，国内外的游学，让他们开阔视野，让他们培养刚才提到的"九个一"的目标里面的一项两项甚至多项技能；可以搭建导师工作站，通过心理训练、家长义工站来帮助他们成长。

我们还可以通过大数据的成长手册，通过实践性的课程空间站，让学生在成长过程中一步一步得以提升。我们会搭建各类的才艺舞台，通过学校的普及和精品社团，让学生进行特色展示。这样的平台搭建以后，会达到一个什么样的外显形式呢？我跟我们的学生处老师和班主任也提过，一个学校怎样看起来是好看的，不是校长天天在这里画画，也不是班主任在那里贴贴画画，搞得漂漂亮亮就是好看的，而是一个学校具有一定的人文气质，从这个人文气质里面人们能感受得到，这个学校是学生的学校。

学生的学校，是什么意思呢？

学生在这些社团活动里面，是不断有展示，不断有作品涌现的，我们要做到，在校园里，随时随处可以见到他们这些活动的形象以及相应的展示结果。比如，班级的墙体文化、地面文化，还有各种作品设计宣传栏，我们看到的，就都是学生的作品设计、要求，还有展示。这样一个形象和感受。

举个例子，有一次我去参观一个比较有名的企业，在企业的对外宣传上，我感觉这家企业跟其他企业有点不一样，它更多展示的是员工的一些东西。可能我们有时候形式上比较习惯走到哪里一看，大幅的照片都是企业领导，对不对？一推送都是单位领导，是不是搞倒了？我的意思是说，要让学生成为学校的主人、主角，我们学校的这些植物园、果园墙体设计都要体现学生的文化和他们的创作。

学校的这些训练场、工作坊、表演式、创作式、情景式，等等，都要能看到学生的展示。这样的学校，我认为才是一个非常好的学校。只有让我们的学生在实践中不断地展示和表现，他们的成长才是全面的，校长也是信得过的。而这些表现和提升对学生的专业学习也会是一个重大的推动。

所以我跟老师们交流过，也说过这个观点：你不要认为学生在闲余时间去打球去锻炼，会耽误他的学习。甚至有时候你可以做到的就是，孩子他觉得学得很累了，学不下去了，给他 10 分钟去打球，给他去做体力劳动，从而改变他的学习效率。

所以我们给孩子定下"九个一"的成长目标，是让学生在德智体美劳方面全面发展的一个具体表现。

今天这一讲我重点跟老师们交流和沟通了如何让学生成长起来，学生的发展目标是什么，怎么给他们提供舞台去表现。

| 第十二讲 |

学生开学寄语

    2022年的寒假特别长，延续了两年的疫情，让我们这一次继续以这样特别的网上方式见面。今年是一个有纪念意义的年份，农历的虎年预示着今年虎气腾腾，虎虎生威。今年，冬奥会在北京召开，目前我国已经拿到了9块金牌；今年又是"双减"实施的第二年，"减负提质"就看今年的成效了。所以在目前来说，在停课不停学的情况下，我们如何开展好我们的学习，过好我们的生活？下面我给大家提出这么几点建议。

    第一，调整心态，端正态度，严格要求。虽然是在线上居家学习，但我们要树立好心态，做到在家上课和在校上课一样。不能因为不在学校，就跟家里面有区别，不要在家见不到老师就放松对自己的要求。

    第二，规律作息，劳逸结合，身心愉悦。规律的作息使学习成绩更好，使身体健康，心情愉悦。我们每天的学习要按照学校的课表进行安排，按时起床，准时上直播课，按质按量完成作业，坚持运动，做眼保健操，眺望远方，缓解用眼疲劳。

    第三，紧跟老师的步伐，积极配合，做到学有所获。认真对待每一节直播课，课上加强自我管理，不分神，不随意走动，也不要去吃零食，确保听课的纪律。按照老师所提的要求，该读的就读，该写的就写，该背的就背，该回答的问题就积极参与互动。如果对老师所讲的问题有疑问或者不清楚，可以先记下来，等到网课结束，再跟老师们单独沟通，每天的问题都要及时解决。

第四，自习课也要保质保量。我们自习除了做作业，还有一些其他学习内容，那么无论是书写的还是需要动手操作的，都要按照要求端正态度，养成习惯。提交的作业也要保证在老师批改后认真去查阅，认真去订正，加强训练和强化。

第五，坚持阅读，多多表达。阅读包括语文、英语等文科的经典阅读，也包括其他知识的扩展阅读。我们可以跟家长一起进行亲子共读，每天给父母讲一讲阅读中的有趣内容和自己的读后感受，也可以跟老师同学交流阅读后的理解和认知，对不解的地方，加强自己的理解和表达。

第六，坚持写日记和学习反思，对每天学习的知识内容做到及时反馈，及时消化，通过日记反思，加强积累，让自己的学习每天都能得到进步。

古人云：万紫千红处处飞，满川桃李漫成蹊。我相信新的一年，前海学校一定会万紫千红，桃李成蹊。

最后我送三句祝福给同学们：第一句，虎虎生威，志向高；第二句，生龙活虎，身体棒；第三句龙腾虎跃，学业精。

培养学生的综合素养

今天我想跟大家交流的是课堂上一些需要关注、提醒以及思考的地方，这些不是强制性的，属于咱们内部之间的学术交流。

首先，我们要知道的是，在一堂课里面，学生有什么样的需求？什么是我们学生目前和将来必须掌握，必须要了解和提升的。

2014 年深圳市教育部门率先发布《关于进一步提升中小学生综合素养的指导意见》，对进一步提升全市中小学生综合素养提出以下意见：坚持面向学生生活，健全生活意识，强化生活技能，学会安全自助与救护，培养学生自主生活能力，养成低碳生活习惯……

那么，我的理解可以用下面几句话作为一个诠释：我们要学会教孩子怎么尊重人，怎么来跟人相处，怎么保持一个乐观的心态，怎么来参与活动，怎么来探知未来，怎么来约束自己，又怎么打扮自己，怎么认识我们身边的环境，怎么来识别危险，怎么来防范和自救，以及怎么来养活自己。这些都是孩子们在成长中，必须学会的。

那这些要求，在我们课堂上怎么体现呢？我们上课就把课本的知识教给孩子就行了吗？怎么把这些要求和我们的教学融合起来呢？下面几个片段就是我想跟大家交流的。

目前的课堂，有一些我们可能没有意识到的不足之处，或者说缺陷，我列了几个方面，大家一起来看一下。

第一个就是安全环境的缺失。我这里说的安全环境是一个人文环境，不是一个物理的环境。在深圳，至少在我们的校园环境里面，不存在被抢被盗被杀之类的安全问题，基本上没了。从 2008 年我们实行这个安保制度以来就没了。我当时在教育局工作的时候，每次到市里做报告，我就给他们讲一个典型的案例，就是某一年，一个心理有问题的人，他当时想通过伤害孩子来报复社会，所以拿着一把砍刀跑到学校边，想来找学生，结果一看，学校的安保都特别好，保安都拿着棍子、盾牌，于是他害怕了，又换了一所学校，一看还是这样，无计可施，于是跑到一个工厂，挟持了一个女工，最后当然还是被抓了。我讲这个案例就是说，我们的物理环境基本上是安全的。那么我们缺乏的是什么？一个人文的安全环境。

这里面，我来讲几个例子。在教育过程中，我们通常会给学生列一些要求、规范，在设计这些规范内容时，我们通常会使用否定的标签来做。比如我们给孩子批改作业，或者提问时，会跟他说，这里不对，那里不对，让他把错误找出来；平时的规范呢？比如，上课不许讲话，不许抄作业，等等，发现没有？我们通常是做这些"不"的规范。到了社会上，还是我们这种教育的延续，"不"的特征也很明显，比如，在公园里我们看到"不许摘花、不许践踏草坪"之类；墙上、垃圾桶上，会写着"不许乱倒垃圾"，等等，很多。这个"不"的教育有一个什么样的影响呢？心理学认为，在儿童成长的过程中，他接受词汇、事物时，是就近区域原则，就是你给他一个信息、一个信号，他是按照就近接受来理解的。

我举两个大家很熟悉的例子。某一年，国外有一个心理学的研究小组到一所小学，随机选了 20 个孩子，说他们是了不起的天才，让他们坐到第一排，说他们各个成绩优异。果然，一个学期以后，这些孩子成绩都拔尖了，为什么？因为他心里形成了自我暗示：我是好学生，所以我就会比你学得好。那些得到"坏孩子"暗示的孩子，他心里给自己定的标签是：我不行，反正我比他差，所以我学习、表现也就比较差。这就是一种暗示的效果。

再讲一个案例，是我亲身体验、观察到的。有一年出门，遇到一个老太太带着两个孩子玩，两个孩子三四岁，打打闹闹的，老太太说："你们两个又打起来了！不准抓脸，会把脸抓破的。"结果一会儿两个孩子又开始打闹，就把脸抓破了。因为在他们的意识里面，这个词就是"抓脸"。这就是给他们一个强烈的信号。

为什么会出现这种情况？我个人觉得，因为我们习惯按照一个道德标准来做同一的规范，于是我们对人的要求就是所有人都不能违反这个道德标准。无论是成人还是小孩，无论是有学问的还是没学问的，道德标准都是同一个。这样会出现什么问题呢？因为孩子的心智还没有成熟，他还没有到你想要的那个高度，当你用这个标签来确定的时候，孩子就有一种失落感。所以我们过去说，孩子其实是没有错的，错的是谁？错的是你。为什么呢？因为他本身一无所知，你没有告诉他应该干什么，而你天天告诉他的是不应该干什么，或者等着他做了什么不符合标准、不符合原则的事情，然后开始训斥他。因为你根本就没有告诉他什么是对的，他不知道。孩子所有的犯错，或者我们认为的犯错，实际上，是他在生长发育中对外部世界的探索。在这种探索过程中，他肯定会有很多做法，是不符合我们社会标准和规范的。那么我们怎么来防范呢？靠的不是给他们强化负面的信息，像我刚才讲的例子一样。

在上海，有一个博士做了这方面的课题研究，叫垃圾桶效应。他想着，为什么老有人生活习惯不好，乱丢垃圾，甚至在公园里随地大小便呢？于是，针对这种情况，他做了一个调查，首先，垃圾是不是必须产生的？这是肯定的。其次，垃圾是不是要丢弃的？这是必然的。好，接着，垃圾丢在哪里，是不是每个人都知道？不一定。是不是每个地方都有放垃圾的地方？不一定。所以哪怕是我们当中有着良好行为习惯的人，拿着纸巾往外走的时候，垃圾桶呢？没有！然后只能扔掉。那只能这样，所以这实际上是一个循环。因此，作为否定式教育，它给予的，是你不能做什么，而没告诉你，应该做什么和怎么做，这才是最要命的。

以上是我讲的第一个方面，安全的人文环境。

第二个是实践智慧的缺失。人的智慧，在学习过程中，通常来说，有两种。第一种智慧是我们非常熟悉的，是书本智慧或知识智慧。这种智慧是我们已有的成果、现有的知识，它通过刻苦学习来了解、来掌握，是学生获取成长的一个资源。在这一方面，我们是做得很好的，无论过去还是现在。还有一种智慧叫实践智慧。实践智慧是深度学习以后迸发出来的一种智慧形式，举一个例子，大家就清楚了。大家都知道围棋人机大战吧？就是人类顶尖围棋选手与计算机顶级围棋程序 AlphaGo 之间的围棋比赛。在计算机发展的过程中，随着现代技术的提升，我们发现它的知识储备，就是我刚才讲的第一种智慧——知识智慧越来越强，当把全球所有人类高手的棋谱输入进去后，它的运算速度很快，就像我们把所有的书全学完了，学完只是第一步，第二步就是深度学习。这个深度学习，就是指计算机通过第一步学习以后能够形成人的一种思维。达到这一步它就能够分析和解决之前可能在棋谱上没有遇到的问题，这就是实践智慧。

过去也有很多类似的情况，比如诸葛亮挥泪斩马谡。马谡读了很多书，肯定就是我们现在说的尖子生、高材生。但他打起仗来却一败涂地，为什么呢？因为他没有结合实际，没有把知识智慧转变为实践智慧。这就是他的缺陷。所以我们课堂上现在最大的问题就是缺乏这一部分。这一部分为什么缺乏？这不是老师的问题。可以这么说，这一现象的存在有两个原因：第一，没考试；第二，没条件。因为没有要求大家去学这些东西，老师们认为把课本备好就行了，这种实践没什么用，顶多算一种技能，而不能算一种智慧。如果到现在，我们还是这样认为的话，那你就准备永远被 AlphaGo 打败吧！

这是实践智慧的缺失。"补实践课的大学生"也是我身边的一个例子。我在外语学校的时候，来了一个 18 岁的外国青年，住在我宿舍对面，他考上了剑桥大学，但是因为在他的鉴定书里面缺少对社会的认识和实践经验，所以剑桥大学回复他：给你一年时间，到一个贫穷的国家去补上这一课，了解这个国家的生活、文化和实践问题之后，再来剑桥读书。经过教会的推荐，他来到了深圳。但他来了一个月就离开了，为什么呢？他说："我要去一个穷国家，你们这是一个富国家，我必须要走，不走我的成绩拿不到。"又经过申请，他转到了伊朗。我们在解决问题的时候，形成认识是要场景背景的。

再看第三个方面。在我们的课堂里面，我们大家都非常熟悉知识储备、知识技能里面通用的，好理解一点就是我们是有课程标准的，每次考试，一加二只能等于三不能等于四。在教育过程中，我们强调和固化的都是这种标准化教学。那么，在现实中又会出现什么情况呢？就是在现实里面，我们通常会发现这种标准跟现实是不吻合的。比如，太极是中国文化史上的一个重要概念，认为"一阴一阳之谓道"。国人从太极里面就学了一阴一阳，一左一右，所以我们的判别通常就是这么简单，不是好人就是坏人，不是男人就是女人，不是 A 就是 B，反正是处于对立形状的。所以我们在处理问题，形成决策，或者做某个事的时候，通常也会这样。在评价一个孩子的时候，说他是好学生，而不会说他是一个有什么特点的学生，或者说他是调皮捣蛋的学生。这就会形成我们的两极分化。这种文化现象在中国的成语俗语里面也有体现，举些例子，我们教人要"志存高远"，又说做人不要"好高骛远"；有一句话叫"天命难违"，又说"事在人为"；我们告诫别人要"激流勇退"，又说要"激流勇进"；我们说要"知行合一"，又说要"具体问题具体分析"，好像左右两边都是对的。那么在实践中就会出现这种情况，我们学的时候是按一个标准学，应用的时候是 A 也可以 B 也可以，这就会造成标准的混乱和缺失。学术研究是要了解情况，不是判断谁对谁错，而是各有特色的问题。在西方教育中，它也是两极分化的，但是它和我们正好是倒过来的。在西方教育中，课堂是没有标准的，给你个问题，对问题的研讨是随便的、发散的，但形成结论之后就是一个固定的标准了。

举几个例子，我们知道地球是圆的，我们在东边，美国在西边，我们是白天，他们是黑夜；我们的火警是 119，他们的是 911；在中国逝世送花圈，在美国是结婚、喜庆送花圈。还有绿帽子，在中国绝对没有哪个男人要戴绿帽子的，而在美国非尊贵人士是没有资格戴绿帽子的，在过去它是一种尊贵的象征。这就是说，我们对一些标准，在学的时候学一个，执行的时候又可以视情况而变，这就很难形成指导意义。这是第三个缺失。

第四个是日常教育中的非系统性问题。什么叫非系统性？

首先，我们来看教材内容，现在我们基本上还是在沿用 20 世纪四五十年代苏联的教学模式，把所有的知识进行提炼、归纳、总结，形成一个固化的程序，然后我们就照这个模式来学，这是学的教材内容。而很多事情是在变化的，我们过去说 50 年知识一翻新，进入 20 世纪 80 年代以后是 10 年、20 年一翻新，现在是 5 年一翻新，甚至是 3 年一翻新，现在社会知识已经完全不是你过去所学的东西能涵盖的。那么我们在日常教学中，就会出现这种问题，就是我们一直在用过去的标准和要求来规范、教育我们的下一代，这样就无法帮助学生了解眼前遇到的和未来他要做的事情，就会给孩子产生一种脱离感，学生觉得课堂没有趣，不想学，学不好，因为这些东西老掉牙了，而现在想知道的，又学不到，课本上没有。

现在上课拿一个 iPad 过来，我就能把所有的资料储存在上面，不用像过去一样夹一大包东西，这是一个变革。而这些变革我们现在有没有在应用，有没有跟我们的教学、知识做一个对接呢？接下来会讲到这个问题，我们在学习过程中一个最大的特点就是刚才前面讲到的，我们都是在把过去已有的知识重复传送给学生，而没有让学生去学习和应用现在和未来的东西，这就是一个差异性。

数学中有一个悖论叫"秃头现象"，这是什么意思呢？我们人出生时，头发都是很正常的，至于是 4 万根还是 8 万根，不确定。但是随着年龄的增长，以及一些基因遗传的问题，有些人开始掉头发了，每天都会掉一些，但是我敢肯定无论你早上怎么梳头，你绝对不会突然发现自己变成秃子了。一年以后，两年以后，五年八年以后，你突然发现自己怎么变成秃头了？这个过程我们没有一个明显的界限，说哪一根头发决定你是秃头还是非秃头。这就是我们在传授知识和教育孩子的过程中渐变性的影响。这种现象就是提醒我们在教育、教学过程中，注意这种突变性。

第五，我们这种课堂教学模式，在亚洲是一种普遍的形态，还属于 20 世纪 50 年代那种课堂集中教育模式，这种模式的一个缺点就是把学校和社会做了分界。这种分界在物理上是一堵围墙，在心理上则是学校和社会的区分，所以我们的资源是分离的，我们的信息是不对称的，我们的互动是断缺的。于是学生在学习过程中，会有什么现象呢？用我们原来一句话说，就是五加二等于零。什么意思呢？在校学习五天，周末回家全忘了。为什么？因为社会和学校没有联系到一起。这个我们现在也在做变革，包括我们在做一些社会实践活动，做一些课程、社团的延展，包括以后课堂教学的一些变革，都是要使学习具有一种延续性。

还有一小点就是溺爱和放任的对抗，我们过去有一句话叫"会哭的孩子有奶吃"，对学生，可能喜欢表现的，我们关注也多，有些不善表现的，关注的就相对较少，有什么问题也不能及时发现，这就会造成我们对孩子判断的失误和漏缺。

接下来，我重点要说的是合作学习，合作学习也是近几年来我们在课堂教学中大力提倡的，可能大家也清楚，在五六年之前，我们就提出教师要学习，改变课堂模式，将集中式的课堂讲授向小组合作学习转变，让孩子各自得到一些发展、发挥和提升。这个思路非常好，那么运作的过程和效果如何呢？这么几年过来，为什么当时轰轰烈烈的活动现在平平淡淡的？就是在资源使用的时候，学的是它的皮毛而不是精神。这个精神是什么？我认为，小组合作学习解决的是靠书本知识不能解决的问题，学生通过小组合作学习来获取未知的知识，获取实践的智慧，而我们一直开展的小组合作学习，因为前面固有的模式，基本上大家学习的是已有的知识，没有什么发展，比如讨论一江春水向东流，是谁写的，在哪里写的，说明了作者什么心情和价值观，这种探讨都是过去的，它能不能形成一种对未来的实践，还不确定。这就是区别。所以我们的合作学习效果不是那么明显，原因就在这里。

智能时代的学生定制教育

今天跟大家分享的主题是"智能时代的学生定制教育"。前海学校将"定制教育——成就每个人的奇迹"作为办学理念，运用大数据分析，根据每个学生的潜质和需求定制个性化的教育，摆脱同质化的教育模式，让学生个性差异、分析潜能都能彰显，同时通过创设良好的育人环境把个体先天的"优质"牵引出来，把人类积累的智慧资源充实进去，使学生个性特征与学习环境之间达到平衡，形成健康、自信、充实的个性。学校将最大限度地激发学生学习兴趣，提高学生学习能力，帮助学生释放生命潜能，突破生存限制，实现量身定制的自我成长、自我发展和自我超越。

首先，我来说说我们构建"定制教育"的背景。

21世纪核心素养教育面临的挑战之一就是教育质量的提升。新世纪的教育关注批判性思维、创造性与问题解决、学会学习与终身学习、沟通与合作、信息素养等核心素养；世界各国的教育改革也都倡导针对学生个体差异实施个性化教学，力争根据学生的学习行为大数据来调整教学策略，促使教与学方式发生变革，做到以"学生为中心"、围绕真实情境中的问题展开探索，激发学生的原有经验，促进学生主动学习，发展学习主体的健全人格和综合素养、全新观念与视野，为培养适应未来社会需求的人才奠定基础。

《国家中长期教育改革和发展规划纲要（2010—2020年）》提出

"把提高教育质量作为教育改革发展的核心任务"。随着互联网技术的发展，互联网的主要特性在教育中正发生着巨大的作用：未来我们将依靠数字资源的挖掘去启发学生的潜在能力和创新能力、思考能力，提高学生探究力，提升学生面对挑战的忍耐心，激发学生兴趣、好奇心等；依靠教育大数据的应用，来以学定教、因材施教，以数据来指导评价，促使传统教学向以学生为中心转变。

如何将信息技术融入课程体系的各要素之中，为学生提供适切的学习经历并使之获得更丰富的学习经验；如何用信息技术来撬动教学方式的变革，使学生可以自主和个性化地学习，让教师对每一个学生的因材施教成为可能，是摆在我们面前的时代难题。为此，我校提出"定制教育——成就每个学生的奇迹"的办学理念。

第一，变革之路：课程改革发展的需要。

课程改革的推进，信息技术的发展，催生了技术与课程教学的深度融合。如何让学生熟练掌握现代化信息技术，更好地为个性化学习服务，为未来生活服务，这是课程改革无法回避的重要问题。

第二，重构教学：用系统变革的思维来引领。

2016年以来，学校以"自带设备"方式开展教学，联结课堂内外，形成开放、互动、共享、有效的大课堂，使数字常态化应用成为可能。同时，学校构建数字化学习平台，集成知识网络，通过开展"线下＋线上"混合模式的教学，基于数据的教学流程再造，凸显以学习者为中心的知识建构。学校以课程标准引领评价和教学，将教学内容关联教学目标，形成适切的评价标准。教师在教学活动前，用信息技术手段分析学生学习数据；在教学过程中，用具体可操作的工具来评价学生学习水平。

第三，变革成效：促进学生与教师的成长。

多年的研究实践，让我们发现了不一样的学生。数字学习平台还原了学生真实、完整的学习生活表现，既有课堂学习或日常学习活动中表现出的学习习惯、表达能力、合作能力等，也有通过在线学习个人进程数据反映出的学习兴趣、参与讨论的意愿、发表的话题深度和学科学习落实的效度。

其次，我们来谈谈"定制教育"的实践情况。

第一，从理念出发，确立"定制教育"。

在"定制教育——成就每个学生的奇迹"的理念下，如何将信息技术融入课程体系的各要素之中，为学生提供适切的学习经历并获得丰富的学习经验？如何用信息技术来撬动教学方式的变革，使得学生实现自主和个性化的学习？如何让教师的因材施教成为可能？这些问题成为摆在我们面前的时代难题。

为此，学校根据大数据分析，提出"三定三制"（"3C3M"）教育模式，使个性化高效教学的实现成为可能。"三定三制"形成了一个动态的生物圈：前期定的基础和目标决定后阶段的教学要求和考评，考评情况又反向对学生的需求定位和目标界定进行调整。

三定：一是定基础，用数据分析学生的个性状况，确定学生该学科的不同层级水平。二是定需求，从课标要求到社会需求，从家长对孩子的意愿到孩子的兴趣爱好，确定基本需求；三是定学生个性目标，这其中又分为，基础——人人过关；提升——大部分人掌握；创新烧脑——给特别的孩子备用。学校确定了每个孩子的层次要求，并在一定周期内进行调整。

三制：一是制课程，在整体课程体系下，选择相应的教学内容和素材；二是制教学，结合教学内容，制定相应的教学方法；三是制评价，包括课堂上的现场考评、作业分层考评、学生学习成果展示。

对于教师，学校也有定制化的教师发展。例如：帮助教师角色提升，从刚入学校的学徒级教师逐渐发展为熟练级教师，再发展为专家级教师甚至导师级教师；扩大教师的发展空间，评选月度明星教师、年度榜样教师等，同时创建名师工作室和工作坊等；此外，教师的课题研究也不能落下，以校长的总课题为主线，各学科展开针对性的项目研究。

第二，从目标出发，培养学生能力。

知行合一，奠基扎实的综合能力。

知与行的合一，简单说就是，探究事物的道理与在现实中运用探究道理是密不可分的。学生不但要学习书面知识，更要培养智慧型的实践技能。

立德扬美，积淀丰厚的人文素养。

2018 年，习近平总书记在全国教育大会上强调，要全面加强和改进学校美育，坚持以美育人、以文化人，提高学生审美和人文素养。我们要培养有信仰，有情怀，有担当，志存高远的学生，帮助他们形成广阔的胸襟视野。

为此，学校制定了学生综合发展的"九个一"目标，即有"一生受用的行为习惯""一项突出的生活技能""一路伴随的艺术修炼""一个强劲的健美体魄""一副流利的演说口才""一种科学的思维方式""一手漂亮的软硬书法""一些善良的互助伙伴""一项优秀的学科素养"。

第三，从教学出发，打造"五维"课堂。

在课堂文化上，学校打造了"五维课堂"模式。这五维分别是"本，纲，度，时，界"。"本"，教师以教学目标为核心，创造性地使用教材；"纲"，教师依据课程整体大纲，探索连贯系统的学习；"度"，教师根据学生特质，定制每个学生的学习进度；"时"，教师搭架智库，实现学习的时空无限性和连续性；"界"，教师借助开放的云平台，为学生提供无墙教室。

学科教学是"定制教育"的主阵地。各学科通过的 PBL 项目式学习法，通过融合全球热点议题，结合各学科特点，进行优化组合，科学梳理内容序列。如结合此次全球疫情，我们推出了"战疫同行"的美术手工课。学生通过制作手工工艺品和绘制手抄报给处于疫情中的人们送去祝福。

PBL 项目式学习手工作品

我们设计了通过绘制中国地图、制作统计表等方法，调查了解我国及全球疫情状况的地理课。

第四，从兴趣出发，搭建学院课程。

开发兴趣课程是"定制教育"的关键要素。学校将学生分为"学前三年""小学五年""中学四年"三个阶段，每个阶段设立不同的阶段目标，结合学校特色与学生兴趣制订了"四点半课堂"，放在文学院、理学院、科学院、社学院、体学院、艺学院、国际学院等"七大学院"落实。例如，文学院推出了"生生足不出户，声声学不停步"的绘本阅读学习方案，针对不同年段学生和不同知识领域分别定制有针对性的中文阅读书目和英文绘本选集。以下是活动图集。

文学院静阅绘本图集

科学院以疫情防控为主题，将多学科知识融合起来，让孩子们体验具有整体性、综合性、真实情景的探究式学习。前海校园校本课程的开发与实施，很大程度上提升了学生的硬能力和软实力。课程或活动中的教育体验，为学生提供了观察和检视专业知识的真实情景，结构化的反思，让学生对专业知识和社会问题有了更深入的理解，从而提升了学生的学习广度和深度。

"定制教育"可以满足培养青少年全球胜任力的需求，在切实以"立德树人"为基础的前提下，尝试作出深层次的教育改革；可以完善教学模式改革和评价改革。

在如今知识经济时代，社会生活中起决定作用的不是"资本家"，而是"知本家"。知识的更新换代在这个时代瞬息万变，这对基础教育的发展和教育模式的定位提出了新的要求。定制教育改革必将成为大势所趋。未来校园将逐渐从"教书圣地"转变为"学习圣地"。教师角色逐渐从"知识传授者"转变为"助学者"。

2020 年 10 月，中共中央、国务院印发了《深化新时代教育评价改革总体方案》。其中表明：坚持立德树人，引导确立科学的育人目标，确保教育正确发展方向；坚持科学有效，改进结果评价，强化过程评价，探索增值评价，健全综合评价；充分利用信息技术，提高教育评价的科学性、专业性和客观性。

PISA 2018 的全球素养测评更注重综合性和多维度，这就意味着教师在教学过程中也应该重视综合测评，考查学生对某一问题多方面的认知与体验。在未来迈入智能时代的过程中，"定制教育"将有效地推进各项考评及标准的深化。

| 第十五讲 |
学生教育对谈

主持人：朋友，您好！欢迎来到深圳第一教育全媒体《教育今天》栏目。首先请和我们的各位观众打个招呼。

唐：大家好，我是深圳市南山区前海学校党总支书记、校长唐毅兵。很高兴见到大家。

主持人：在同学们心目当中，您觉得您是一个什么样的校长？

唐：学生对我的感觉，我自己认为，应该是一个比较和善、比较慈祥的人。

举个例子，疫情的时候，有一段时间学生在家上网课，没能来学校，也不能和老师同学们见面。有些学生就把这些情况写在了作文里，后来有个老师就把学生的一篇作文拿给我看，说"校长你看，这个学生写了你"。我说"写了什么呀，给我看看"，学生就写的是这一段时间在家里怎么坚持学习，但是很想念学校，特别是很久没看到校门口的那个帅老头了。在初中生的眼里，我就是他们的帅老头。小学生感觉可能不一样。我记得这个学期开学的时候，小一的学生入校，我想他们一般在家里受到的呵护比较多，所以出门可能比较害怕。爸爸妈妈、爷爷奶奶送他们到校门口以后，家长就不进校园了。孩子们跟着那些礼仪队进入校园。有一些小一的孩子就很害怕，不敢进来，一直哭。我们的老师带他进来，或者高年级的哥哥姐姐带他进来，他也不愿意。我就去安抚一个孩子，说"你跟我一起进来"。他看了我一眼也不肯，我就说了一句"我是校长"。他一听，校长，那个眼神就安静下来了，抓着我的衣袖就跟着进来了。

我想说，小孩子其实对校长的这种认知是非常深刻的，他们对校长的信任度也是非常高的，也说明他们对校长期望很大。从刚才我讲的两个很小的案例可以看出，我们的孩子其实还是很想得到校长的认可，得到校长的这种扶持、关注的。他们会觉得这是他们学生生涯中非常值得庆幸和荣耀的一部分。所以从这个角度来说也给我一种启迪，我们做校长的，除了常规管理这些要求以外，树立高大、优秀的形象，形成良好的品质和气质，给到孩子们也是非常重要的，而且是能够起到很好的引领作用的。

主持人：2021 年是中国教育的一个大变革之年，"双减"政策的实施让素质教育全面落地，大家都充满了信心。您是如何看待我们"双减"政策的？

唐："双减"政策可以说是 2021 年教育改革的一个重磅炸弹，而且是核弹级的。我们国家的教育改革也经历了很多次，谈素质教育也谈了很多年，但是今年的力度是非常大的，要求是非常严格的。"双减"政策下来后，虽然时间不长，也只有半年多，从 2021 年 7 月份到现在大半年时间，但是它带来的影响是非常深远的。

开始大家在认知上可能会有一些迷茫，或者一些焦虑。为什么突然又提出要"双减"，又要来重新强化德、智、体、美、劳全面发展、素质教育，等等。这也是结合我们国家发展需要来说的。习近平总书记多次强调，教育要坚持"为党育人、为国育才"，这个宗旨是不能变的。我们教育的一切行动都要回归这样一个初心。在过去多年的教育之中，反反复复出现了一些我们常说的功利性问题、偏导性的问题，这些就需要我们在这种大环境下不断地去变革、去完善。

我之前跟我们的老师也做过一些这方面的讲座，我说这个社会、这个世界唯一不变的就是变化。2021 年是建党 100 周年，我们党，中国共产党 100 年的历史发展、100 年的进步、100 年的成就，就是在不断地自我革命、自我革新、挑战未来的过程中，不断完善和提高自己优秀的品质和能力来实现的。教育也肯定需要经历这样一个过程，在这个过程中，有成功，也有失败，这是必然的，但我们通过这个过程不断地完善、不断地去提升。所以刚才提到的对于素质教育的强化和提升，我们这个过程其实是一直在延续的。只是现在在不断地去细化和规范它。我们刚才讲大方向，教育的目的是什么？有个人的成长，但更重要的是，培养国家发展需要的人才，所以每一个孩子的成长显然是有这种双重性的。

这种双重性首先表现为个体属性。对家长来说，每个孩子都有他的一片天地，对不对？每个孩子有他的天赋、有他的才能、有他的不足，也有他的个性。不同的，是身体的差异性，他的个性区别。孩子的成长肯定也有不同的需求，对吧？这是他的个性决定的。其次，每一个孩子他也有一个社会属性，就是他将来是我们国家的人才，是我们国家发展的栋梁。这种社会属性要求我们的教育必须保证每个孩子的成长符合国家利益发展和未来社会进步的一种人才普适性需求。刚才我举例讲的，你是为什么育人，为什么育才，对不对？这个方向不能变。但回到现实时，每个孩子成长又不一样，所以有人说了，学校教育要提供适合孩子们成长的教育方法和策略，教育不能够唯分数、唯帽子、唯文凭，对不对？当然对于唯一的标准，它必须既符合社会整体发展的需要，又契合孩子的个性特点。我们讲因材施教，所以立德树人、因材施教就是我们的一个方向。我们学校在"双减"政策下贯彻素质教育，从开始到现在就一直是按照这个方向来的。

我们的目标是以"定制教育，成就每个人的奇迹"。如何定制教育？如何来成就每个学生的奇迹？我们每一个孩子，从他出生、落地，就是与众不同的。每个人带着几十亿分之一的概率来到这个地球上，无论他身高、体重、长相、个性、天赋如何，既然来了，他的自我内心潜能里面必然具有一种力量和潜质，这就需要我们去挖掘，去引导。我们的教育就需要去发现这一点。这里就说到做法，我们怎么去做这一项事情？刚才我讲到，前海学校提出来定制教育，成就每个人的奇迹。什么是定制教育？在两千多年前，孔子提出来因材施教，我们在教育里面也一直在提，对不对？也在完善这一点。

但是不管是国内还是国外，好像很难真正全面实施做到这一点。但现阶段为什么又重提这一点了呢？除了刚才讲的，我们的政策理论方向是指导以外，更重要的一点就是，现在科技的发展给了我们一个物理条件，教育跟经济的结合，从工业 1.0 时代，大班制的教育，为让大家统一掌握一个基本的知识，采用一对多的教育方式，我一个人一讲，全班 50 个人、100 个人都会了。好，到了工业 2.0 时代，随着科技的发展，专业分化度加强，需要的人才就肯定跟教育是相匹配的。所以我们会发现教育的分科制就加快、加强了。也需要不同的人才对应不同的学生，就出现了多对多的模式。到了互联网时代，互联网改变了过去知识储存的模式。我们在过去教育年轻人说：要给学生一碗水，教师就必须有一桶水。

但是现在变了，因为知识的储备和传承已经不需要单纯从教师的口中和自然里面去传递了。在互联网时代，科学家一度提出了六度分隔理论，也就是说，世界上任何两个互不相识的人，最多只需要通过 6 个中间人，就可以建立联系。显然，随着联系方式和联系能力的不同，实现个人期望的机遇将产生明显的区别。这也说明，我们获得资源知识的途径已经在发生改变。改变以后，教育需要的是什么？要做的是什么？我想除了知识的传递，更多的是传授和培养孩子们更多的责任，培养他们一种勇力，培养他们一种信念，以及获取知识、理解知识的能力。

主持人：刚才您也提到，前海学校在提倡定制教育，我们在日常教学当中是如何去实践的？定制教育是如何去践行的？

唐：定制教育在前海学校已经践行好多年了，从提出来到制定框架，到落实，我们都进行了长期的摸索。我这里简单介绍一下我们的定制教育。我现在给它的定义，因为我们也在不断的变革中，在完善这个概念，所以我说现在给它的定义，定制教育就是根据学生自身的潜质、需求，结合国家的政策要求、发展方向对学生进行分析。这种分析在过去技术比较弱化的时候，靠的是老师的经验。所以大家习惯上一入学就说要选一个好的学校，选一个好的班主任，对不对？为什么这样想？考虑的就是经验，班主任的能力，他能够了解孩子的特点，能够有效地对孩子进行指导。

但是过去这种方式需要老师长期经验的积累，不到一定年龄，可能很多问题还没见过。怎么办？如何改变和提升？就是利用我们现代技术来缩短这种成长，利用数据提炼来完成这个过程。我们利用现代科技、利用大数据在孩子们的成长过程中去有效地分析和了解他的个性、需求、品质以及不足，这样就能够在短期内快速地制订出一个我们称为"三定三制"的教育策略。三定是哪三个定？第一个就是定孩子的基本素养和潜能，也就是确定他基本的状态，每个人是不一样的，对不对？没有谁生下来是有重复的，每个人都绝对是有差异性的。有的人适合跑，有的适合跳，有的人适合说，有的人通过听接受力强，有的人通过说接受力强，有的人通过动手操作掌握得快，这个差异性是千变万化的。所以第一个定，就是确定，确定这个学生的基本潜能。

第二个定，就是定他内心的意愿、发展方向和需求。因为每个人都有自我价值意愿，这种价值意愿过去可能成人以后才会有，但现在的孩子在很小就有了，例如为什么你喜欢主持？可能你爸爸妈妈并没有要求你，没有强迫你，但是你一看到这个你就热爱它，你就觉得这是你生命中一个不可或缺的追求，这就是它可能言语表达不出来，或者没有明显的一个框框说你就是要这样的，但是可能会影响一个人未来一辈子、一生的成长的东西。

第三个定就是定阶段性发展目标，结合国家的政策要求，在不同的阶段，我们给孩子们提供什么样的资源、提供什么样的教育，什么样的框架。

这"三定"确定好后进入第二个环节"三制"。哪"三制"呢？"三制"制什么？第一个"制"是制定教学资源。现在学生获得资源的途径已经非常广泛了，可以说海量的信息，那么这些信息哪些是有用的，哪些是无效的，需要老师来给孩子们做一个分类整理、规划，否则这一窝蜂的东西就变成了一堆垃圾。所以制定教学资源是我们必须要做的一种选择。根据前面讲的，就是你给这一类孩子分配什么样的资源。

第二个"制"是制定相应的教学策略。教学策略就是我们讲的方法。

不同的孩子吸收知识、掌握内容，他的获取方式是有差异的，就像有的孩子听力方面敏感度更强，在教学中，给这一类孩子更多的相应策略，他获取知识的模式就更加有效。另一类孩子他对触感比较敏感，他获取资源、知识的模式，通过动手策略就更加有效。所以我们的教学就会有不同的方式，在具体教学之中，除了常规的讲课，学生的动手项目要由他自己来操作来学习，还有一种学生自己主导的自主学习模式。

第三个"制"就是制定评价。评价方式，也是现在对孩子成长过程中议论和质疑最多的地方。在"双减"背景下再提对学生评价，我们现在对学生成绩不排队，而是通过等级，在标准化的过程之中给孩子们进行分层去确定。这一点在我们学校"三定三制"里面已经在落实了。就是给孩子们的评价是分成不同层次和不同形式的，除了我们讲的常规的统一、标准化的考试以外，更多的主要体现在平时的教育过程中，最重要的是，通过评价来促进孩子的成长。

就在前一段时间，我给学校年轻老师做了一个讲座，还做了一个课题分享。其中就讲到一个评价案例。同样的两个学生，一个学生数学成绩很好，敏感度很高。还有一个学生，在这方面稍微弱一点，但是他很勤奋，家长也知道他数学学得不是很好，所以经常说他，他就很焦虑，说自己怎么学也学不好。这种情况下，我们想一想，每次数学考试，一比较，别的同学90多分，我只有五六十分，我就总感觉低人一等，是不是？但是我已经很努力了，这就是差异性。对待这种特殊的情况，在平时的评价之中就需要给他一种分化式的评价。

什么叫分化式的评价？换句话说，在同一套卷子的练习之中，你80分才叫及格，90分才叫优秀。而对我刚才例子中那位数学不太好的同学来说，他60分叫及格，70分就是优秀。对，可能会有家长质疑，凭什么我家考80分还不如他70分的等级呢？因为每个人不一样，对你家孩子来说，你的80分和他的70分确实不一样。目前我们还很难改变过去的评价观念，但是我们可以用这种新的方式来激励孩子。用一套试卷、一个分数、一个模式来框定评价我们所有孩子的不同发展，也是很多矛盾所在。

我说的这种方式会使得孩子们的成长更有序，他能感受到自我的发展。可能确实我在数学上赶不上你，但我可以在其他优势方面做得更好。打个比方，你现在把鲁迅抓过来，他高考也过不了关的，对不对？他的数学考不过关。如果你现在逼着他学数学，微积分学不会，升不了学，那他还能成才吗？那啥都成不了了，对吧？

这种导向和措施就使得我们在孩子的成长过程中会更加积极地去关注、明确他未来发展的可行性。在这样的过程当中，家长在知道学校定制教育的实践后会不会有什么想法？会，会不理解，对它的肯定需要一个过程。

这个过程首先是怎么样去落实的问题，要让这些改革落到实处，第一个要改变的是人的思维方式和观念。首先从学校的老师、行政管理人员开始，对他们进行培训，强化这种意识。其次通过各种方式向家长宣传。其实绝大部分家长过去是不理解的，所以才会产生我们讲的焦虑和误区。随着认知度的提升，他们其实绝大部分是支持和理解的，不是说我按这个发展的模式我就一定要怎么样怎么样。个别的，肯定个别现象都会有，但是绝大部分会理解，这样就会在有效的环境和模式下做得更好。这样对孩子的压力也会变小，不会像我刚才讲的，逼得你朝着某一个目标去做，但是你可能做不到那个程度，所以这是思维的改变。

第二个要改变的是我们这个队伍建设。改革要有成效，要有人来落实，我们的教师培训就很重要。所以我会组织青年教师，特别是近几年从各大院校招的这些优秀毕业生开展各类培训学习。大家都知道，深圳近几年招的毕业生很多都是来自世界名校，这些年轻人素质非常高，很多都是"学霸"型，他们在自己的学习成长过程中就有很丰富的成长经验，我们要让他们把这种成长经验转化为现在如何去培养我们下一代的一种实践，让他们把自己过去的认知和实践通过理论系统化地落实下去，做好了，我相信效果会非常好。

第三个改变就是制订相应的措施改变我们的课堂。课堂，我们现在采用五维课堂的形式，来进行课堂教学的理解和认知。五维课堂指的是什么？就是教师教学要制定资源策略和评价。那么怎样把这些东西贯穿落实到我们的课堂里面，让每个孩子都受益呢？就是你的教学。我们讲减负后面还有两个字——提质，减负提质，对不对？减负是减轻一些过重的、不必要的、机械性的、重复性的作业和负担，重要的是有效地提高学生对知识的掌握，迎合他们个性发展的需求。

这样一来就跟我们的定制教育吻合了，刚才我讲课堂不能像过去那样拼命讲，答错 1 题，你给我今天做 100 道题，做 1000 道题，这种海量训练肯定能够提高成绩，但是它是低效率的，而且是摧残性的。说个笑话，你喜欢吃面包。从今天开始什么都不准吃，我只给你吃面包，你还受得了吗？你受不了！虽然说吃面包不是伤害你，但是这种方式就是一种伤害，对不对？刚刚我举这个例子，就这个意思。

所以我们的课堂要改变，怎么改变？就是我讲的打造"五维课堂"，五"维"是维度的维。

第一个维度是最基本的，叫本。根本的本，基于最根本的教育教学规律、认知和策略实施，是学生必须掌握的，要达标，要完成的内容。

第二个叫纲，纲就是知识的连贯性、相通性。我们过去学东西，学到这个点就是这个点，缺少连贯性。我们讲知识有两种，一种是书本的知识，叫字面的知识，还有一种叫智慧型深层性知识。你通过掌握的这一个点，去延续发展相通用的知识，也就是举一反三，这样学生学起来才更加有效，而且相对的学习效果也会好得多。

第三个维度叫度，程度的度。刚才讲了，每个学生潜质是不一样的。不同的孩子教到什么程度，要结合他的认知和能力来进行一个相应的处理。所以在布置作业时，我们要分层作业、分层辅导、分层给资源。

第四个维度就是我们讲的空间。过去习惯上我们认为坐在教室里面叫学习，对不对？下课了好像就不学习了。这个观念是要打破的，学习的时空是可以相通的。任何一个活动，任何一次旅游，哪怕是到商场买东西、吃饭，都是学习的一个空间跨越。如果把这个时空连串起来，那就相当于把碎片化的东西统一了，无形中就增加了更多可以综合利用的时间。很多东西通过网络，实现时空跨越，能够让你在那么一瞬间就快速地解决问题，而不至于要等到一段时间之后。比如回去做作业，没搞明白是吧？明天再来解决。明天来了，新的问题又来了，再沉淀，等到期末了一看，3个月前的问题还没解决，因为你没有把时空连起来。

第五个纬度，也是最后一个，叫界，就是边界的界。学习是要打破时空限制以及学科边界的，这样才能够让孩子们的学习真正有效。现在高考改革、中考改革，大家也看到一些题型要求，它的引导方向已经发生改变。过去我们说的"背多分"模式，就是要求死记硬背，现在更多的是要求去认知、理解。我教你是口述的东西，不一定你理解得到，所以必须通过一个过程来提升学生的这种认知。

这5个维度的突破，能够让我们的学生在定制的教育模式里面获得更有效的提升。这是在课堂。

课堂刚才我讲了时空和界的跨度，还有一个我们说的叫课外，课外也是一个主阵地。过去大家觉得上课和下课是两个概念，对不对？其实上课、下课是相通的，只不过是不同的时空学习而已。

那么按过去说法，下课之后的学习是什么？就包含我们现在大家所知道的"四点半课堂"延时课程，还有前海学校给孩子们定制的7个学院课程，包括文学院、理学院、科学院、社学院、体学院、艺学院、国际学院的课程。前海学校这7个学院现在全部由30岁左右、研究生毕业的年轻教师就任院长，组织老师们开设相关课程。

这些课程，一个是自我开发，第二个是从社会优秀资源里面吸取。目前我们有40多门课程，分布在这7个学院选修课程里面。这些课程，除了我们过去说课本上要掌握的东西以外，还注重让孩子们全面提升素养，给予他们选择的机会和平台，这个非常重要。就我前面举的例子，你要成长为一名主持人，常规课里面可能不能对每个孩子开设这样的课程，但你们这三五个或十多个孩子感兴趣的话，我们就定制这个课程，这对孩子们来说，就有了更多的学习舞台和空间发展。

我刚才讲的5个维度里面，到第四、第五个维度就把时空打破了，没有了上课、下课的概念，每一个空间都是学习空间，每一个时段都是提升自我的时段。现在我来回答你刚才讲的第一个问题，什么是素质教育。这就是素质教育的一个表现，不是简单地吹拉弹唱就叫素质教育，写作业就不叫素质教育，不是这个概念，不是这个层面，不是成立在这样的一个背景下。

别人问我：30多年的教育生涯当中一直坚守的教育信念是什么？可以这么样讲，从我自身的发展来说，我过去可能没有总结过，但是我一直是这样想和做的，就是公平和机会。无论是做老师还是做校长，我觉得我一直想要达到的就是给每个孩子一个公平的环境，一个适合他的机会。

可以说一些例子，小时候因为我跟着父母在部队里面生活，也没有到学校去读书，就爬爬山、爬爬树、打打野地，所以身体素质特别好，但学业成绩不是很好，基本上没学什么。后来一起学习的时候，因为人家都学了很多，我跟不上，很焦虑，怎么办？有一个老师，从我当时的感觉来说，就给了我一个生存的机会！他说："你会啥，你什么东西行？"我想了半天，我说我会画画。他说"那你画给我看"，我就拿着粉笔在黑板上画。老师说好，以后这个美术课就你来上了。我的自信一下子就恢复了，觉得自己当小老师了。我就觉得虽然文化课跟同年级的孩子比不行，但是那个老师给了我另一个机会：你美术方面强是吧？你教他们画画！我除了教他们画画，还将老师用剩下的粉笔头全部雕刻成同学的头像，同学们还对我很崇拜。当然了，在这一段时间里，我就加紧拼命地补一些课，结果在一次期末的数学比赛里面居然考了第一名，这样我一下子信心倍增，后来顺利地考上了初中。如果不是美术给我的信心，我可能不知道要留几级，反正是过不了关的。

所以我就觉得给孩子们，无论他处在什么环境，给他一个机会，他可能就从此会改变自我，也从此会改变这个社会的模式。所以后来我当老师，有些孩子毕业后过年、过节来看我，说长大了都参加工作了，就记得唐老师那个时候最大的一个特点是喜欢那些成绩差的孩子。我说："不会吧，怎么给我这个评价的，难道我不喜欢成绩好的学生吗？"学生说："你不是对那些成绩差的就特别盯得紧，而是跟他们平时交流得多。"我想可能也是因为我担心他们失去一种机会，失去一个公平的平台吧。因为习惯上，可能老师就更喜欢成绩好的学生，给的机会也更多，评三好学生之类。没有被关注的孩子心里可能就怀着一种被抛弃的感觉，容易自卑，缺乏上进的可能性。所以这么多年里，我一直在想，通过什么方式让不同的孩子都有一个公平地接受教育的机会，都有一个平台，让他们得到一个有效的发展。这也是我现在在做的一些改革的动力所在。

主持人：2021年即将接近尾声了，如果整体回顾一下前海学校这一年的发展，您觉得有什么样的成果和收获？

唐：学校近年的发展也是非常明显的。显性方面，从学生来说，他们参加各级竞赛比赛，在获奖次数、获奖层次方面都比原来有大幅度的提升；从教师来讲，他们参赛的成绩、获奖的数据、科研成果的数量在增加，质量也在提升。

刚才讲了学生获奖，从低年段到高年段的学习成绩方面，学生整体实力也比原来有提升，学校的社会评价越来越高。我们看得到的荣誉，比如竞赛、比赛的获奖，量和质在提升。

从隐性方面来说，学生积极向上，学校在社会上的口碑也在提升。我对前海学校提出了6个提升力的要求，打造前海学校的品牌、价值。我们要在6个方面占据引领性的地位，形成我们的这种自然力，前海这个品牌是格外闪亮的，我们必须把自然吸引力做到名副其实；形成我们的思想力，你有这个牌子还不够，要有你的精神。前海学校出去的学生带着什么样的气质，带着什么样的价值，带着什么样的能量，给这个社会带来什么的影响，都是受学校思想文化影响的。文化品牌的打造、科技含量的提升、教师的影响力，都是我们要做的。南山区第一位"年度优秀教师"就是我们学校产生的，这就是教师的引领作用。通过以上这几个方面的打造，让学校得到一个提升，使我们这种影响力能够覆盖周边，产生正向引领，就是前海学校要做的。

主持人：谢谢唐校长的分享。

深圳市南山区前海学校章程

序　言

南山区前海学校位于深圳市南山区桃李路 1 号，是一所十二年一贯制的区属公办学校。2003 年 8 月创建初中部，2004 年 9 月创建小学部，2015 年两部合并更名为南山区前海学校，2019 年 7 月组建幼教部，学校占地面积 38 230.93 平方米，现有教学班 83 个，其中幼教部 6 个班，小学部 39 个班，中学部 38 个班，学生 4 000 余人，任课教师 200 多名。

学校创建以来，以"办好人民满意的教育"为追求，坚持"质量立校、特色扬校、民主理校、文化厚校"的办学方略，坚持依法办学、按规律办学和特色办学，坚持"定制教育"的办学理念，构建了"定制化学生成长、定制化课程、定制化教育教学、定制化教师培养、定制化管理"的教育体系，取得了巨大的成功。学校先后获得了"中国基础英语素质教育实验基地""广东省绿色学校""广东省义务教育规范化学校""深圳市办学效益奖""深圳市书香校园"等 40 多项荣誉。

第一章　总　则

第一条　为贯彻国家教育方针，落实素质教育，依法保证师生合法权益、促进学校健康稳定发展，依据《中华人民共和国教育法》等法律法规，结合学校实际，特制定本章程。

第二条　学校登记名为深圳市南山区前海学校，英文名称：

NANSHAN QIANHAI SCHOOL SHENZHEN，简称深圳市前海学校。

第三条　学校登记地址为"广东省深圳市南山区桃李路1号"；学校邮编：518052；学校网址为 http://www.qhschool.net。

第四条　本校由深圳市南山区教育局举办，经登记批准，属公益一类事业单位，是具有法人资格的办学机构，依法承担民事责任，本校是一所实施十二年制（幼教、小学、初中）教育的全日制教育机构。

第五条　学校实施义务教育，设计办学规模，幼教部6个班，小学36个班，中学36个班。

第二章　办学理念和学校文化

第六条　学校全面贯彻党的教育方针，坚持以人为本立德树人，坚持给学生适合的教育，坚持办好人民满意的教育。

第七条　学校以"定制教育"为教育理念。

第八条　学校以"创办与前海发展相匹配、特色显著、具有国际视野的现代化品牌学校"为办学目标。

第九条　学校以"培养'九个一'综合素养的学生"为育人目标。

第十条　学校以"成就每个人的奇迹"为校训；以"仁爱卓越"为校风；以"精益求精"为教风；以"好学敏行"为学风。

第十一条　学校的校徽以首字母Q和H组成图案，并将太阳、帆船、彩带的图形融入其中，以富有寓意的红绿蓝三原色以及多边形等为基本创意：红绿蓝三原色寓意学生以此为起点可调配出所有色彩的特征；三角形、六边形和不完整的圆叠加构图体现学校幼教、小学和初中不同阶段的发展需求，同时也与基础教育所承载的功能和责任相吻合，展现了前海学校"因材施教、多元发展、海纳百川"的开放格局。前海学校的主体色为蓝色，扣题前海精神及学校区位优势，彰显前海学校国际视野、锐意进取的精神风貌，以及乘风破浪、追求卓越的发展气势。

第十二条　学校校旗，旗面底色为白色，正中为校徽图案、中文和英文学校名称。

第十三条　学校校歌，名称为"前海学校校歌"，吉祥物为"前前""海海"。

第十四条　学校建筑主色调为"米黄色"，学校标识基准色为"蓝色"。

第十五条　学校的基本教学语言文字为规范的汉语语言文字，推行普通话。

第三章　治理结构与运行机制

第十六条　学校依法自主管理，完善决策、执行与监督相结合的治理结构，形成以校长负责制为主体，以学校党委监督为保障，教职工代表大会、校务委员会、家长委员会民主参与的学校内部治理结构体系，探索构建学校法人治理结构运行模式。

第十七条　校长是学校的法定代表人，对外代表学校，按照本章程自主管理学校。副校长对校长负责，协助校长分管学校教育教学、行政后勤等具体工作。

第十八条　按照学校办学规模和机制，学校应设校长一名，副校长三名，都由区教育局选拔和任命；目前为校长一名，副校长两名。

第十九条　校长主要职责与权利：

（一）职责

（1）组织起草学校章程、发展规划，并负责组织实施。

（2）组织制定规章制度、工作计划，并负责组织实施、检查和评价。

（3）执行上级教育行政部门的决定和指示。

（4）领导学校各职能部门及常设机构，完善岗位设置，维护学校秩序。

（5）负责学校日常事务管理，主持校务会议审议重大事项并做出决策。

（6）负责学校教育教学工作，大力推进素质教育和发展教育实验研究。

（7）负责教职工队伍建设，促进教职工全面发展。

（8）负责学校财务、基建及重要设施设备购置的审批。

（9）负责学校安全工作。

（10）组织协调学校与政府、社区、家庭等方面的关系，为学校创造良好的育人环境。

（11）每年向教职工代表大会报告工作。

（二）权利

（1）事务决策权。在听取各方意见的前提下，对学校的重大行政事务有决定权。

（2）人事任免权。有权按有关程序任免中层干部和决定教职工的聘用。

（3）财务审批权。在服从上级教育行政部门统一规划和管理的前提下，有权决定校内布局、规划、基建等校园建设的方案。在法律法规允许范围内，有权管理和使用学校的经费。

（4）招生管理权。在市、区教育局的有关招生规定下实施招生工作。

（5）教育教学指挥权。决策学校办学方向和大计，落实教育、教学工作的各项措施。

第二十条　校长办公会是学校行政议事最高决策机构，会议由校长召集并主持。会议议题由学校领导班子成员提出，校长确定。在广泛听取与会人员意见基础上，校长对讨论研究的事项做出决定。

第二十一条　学校党总支是学校的政治核心，领导学校思想政治工作，保证党的教育方针、政策和上级党、政指令在学校得到正确贯彻执行，发挥战斗堡垒作用。

第二十二条　学校根据管理需要，设立"党务行政中心、课程教学中心、学生成长中心、安全服务中心、教师文化中心、幼儿教育中心"六个常设机构，各机构围绕学校总体工作，履行服务、管理和保障等职责。

第二十三条　学校建立以教师为主体的教职工代表大会制度，保障教职工参与学校民主管理和进行民主监督。

（1）教职工代表大会行使审议建议权、审议通过权和评议监督权。凡与教职工利益直接相关的福利和校内分配方案以及有关教职工聘任、考核、奖惩的办法等，须经教职工大会审议通过。

（2）学校工会作为教职工代表大会的工作机构，保障民主管理、民主监督的落实，维护教职工的合法权益。

第二十四条　学校推进校务委员会建设。校务委员会作为学校行政工作的审议机构，由学校领导、教师、学生、家长、社区代表、专家等人员组成。校务委员会对学校工作提出建议，重点协调和审议涉及学校发展和师生利益的重大事项。

第二十五条　学校健全家长委员会。家长委员会是代表全体家长参与学校民主管理，支持和监督学校做好教育工作的群众性组织。要制订家长委员会章程，明确家长委员会的权利、义务，创新家长委员会的组织形式和工作机制，充分发挥家长委员会参与管理的积极性。

第二十六条　学校建立学术委员会。学术委员会是学校教师专业发展和水平的鉴定评审组织，负责学校职称的评定、升降和青年教师的培养等工作。

第二十七条　学校建立健全信息公开制度。实行校务公开，切实保障教职工的知情权、参与权和监督权；逐步推进校务信息资源面向社会开放，完善信息公开，建立学校发展报告制度，及时向全体师生和社会公示全部发展报告，接受师生、家长和社会的监督。

第二十八条　建立健全学校法律顾问机制。完善法制副校长制度，引入律师等专业法律人士担任学校常年法律顾问，为学校调处内外纠纷、依法办学提供法律帮助。

第二十九条　学校建立健全平安校园制度，构建安全风险防控体系。

（1）加强学校设施、交通、消防、饮食卫生、健康、周边环境治安及教育教学安全管理，防范安全事故发生。

（2）建立安全问题分级响应机制。构建学校安全风险的事前预防、事故应对、事后转移机制，探索学校安全事件处置的责任分担机制和社会化处置方法。

第三十条　学校采用现代学校管理手段和模式。

实施"智慧校园工程"，建成具有"学校管理、教育教学、科学研究和社会服务"功能的学校数字管理平台。

综合运用网站、微博、微信、App 客户端等媒介，全方位构建学校、家长和社会交流互动平台。

积极引进卓越绩效管理模式，探索办学重服务、重育人、重效益，自我完善，持续改进，追求卓越的学校办学质量管理模式。

第四章　教职工管理

第三十一条　学校教职工由教师及其他专业技术人员、教辅人员和工勤人员等组成。教职工按照聘用合同约定和岗位规定履行职责。

第三十二条　学校根据编制部门核定的编制数额、岗位数和岗位任职条件及教育行政部门、学校相关规定聘用教职工，公开招聘，竞争上岗，对聘用人员实行岗位管理和绩效工资制度。

第三十三条　学校依法建立教职工考核制度，对教职工定期进行考核，将考核结果作为续聘或者解聘、奖励或者处分的依据。

第三十四条　学校执行国家教师资格制度、公开招聘制度，健全以岗位聘任为核心的教师职务职称聘任和聘期合同制度，规范按需设岗、竞争上岗、以岗定酬等各项具体制度，规范教师聘任和专业发展管理。

第三十五条　教师享有下列权利：

（1）开展教育教学活动，从事教育教学改革和实验。

（2）促进教育教学科研、学术交流，加入专业学术团体，在学术活动中充分发表意见。

（3）指导学生学习和发展，评定学生品行和学业成绩。

（4）按时获取工资报酬，享受国家规定的福利待遇以及寒暑假带薪休假。

（5）通过教职工代表大会或其他形式参与学校管理，对学校工作提出意见和建议；对学校重大事项有知情权；对不公正待遇或处分有申诉权。

（6）使用学校设施设备、图书资料及其他教育教学用品。

（7）参加进修或其他方式的培训。

（8）法律法规规定的其他权利。

第三十六条　教师应当履行下列义务：

（1）遵守法律法规、职业道德规范、学校章程及规章制度，为人师表，忠诚于人民教育事业。

（2）贯彻国家教育方针，执行学校工作计划，履行教师聘约和岗位职责，完成教育教学工作任务。

（3）对学生进行思想品德教育以及文化知识教育，组织、带领学生开展有益的社会活动。

（4）弘扬爱心与责任感，关心爱护全体学生，尊重学生人格，促进学生在德、智、体、美、劳等方面的全面发展。

（5）制止有害于学生的行为或者其他侵犯学生合法权利的行为，批评和抵制有害于学生健康成长的现象。

（6）践行以生为本理念，终身学习，与时俱进，不断提升育人水平。

第三十七条　其他职工按照合同履行岗位职责，学校依法保障其合法权益。

第三十八条　学校制订教师专业发展计划，组织教师进行学习和研究，成立青年教师教学研究会、骨干教师联合会，实施教师不同层级培养计划，促进教师专业成长。

第三十九条　学校建立健全教职工业务师德档案管理机制。成立由人事干部、中层干部、年级组长、学科组长、教师代表、家长委员会代表等组成的教师业务师德考核工作小组，负责审核业务师德材料和评议情况，提出考核等级建议，考核结果作为教师职务评聘、工资晋升、进修深造和实施奖惩等的依据。

第四十条　学校对在教学科研、管理服务等方面表现优异、业绩突出者予以表彰和奖励。学校对违反校纪校规和合同，或在工作中造成失误和不良影响的教职工，视情节轻重，按照有关规定予以批评教育和惩处。

第五章　学　　生

第四十一条　凡被本校录取或转入本校学习的学生即取得本校学籍。

第四十二条　学生享有下列权利：

（1）参与学校组织的各种教育教学活动，使用学校提供的教育教学资源。

（2）参与学校、班级管理，评议学校工作和教师的教育教学工作。

（3）按照国家有关规定获得奖学金、助学金。

（4）在品行和学业成绩上获得公正评价，完成规定的学业后获得相应的学业证书。

（5）对学校给予的处分或处理有异议，对学校、教职工侵犯其教育权、人身权、财产权等合法权益的行为，向学校申诉调解委员会提出申诉或依法提起诉讼。

（6）法律法规规定的其他权利。

第四十三条　学生应当履行下列义务：

（1）遵守法律法规，遵守《中小学生守则》，遵守学校章程及规章制度，遵守公共秩序和学生行为规范要求。

（2）尊师爱校，团结同学，参加集体活动，促进身心健康，养成良好品行。

（3）努力学习，完成规定的学习任务。

（4）承担在学生自治活动中当选职务的相应职责。

（5）爱护学校提供的教育教学资源。

（6）法律法规规定的其他义务。

第四十四条　学校按照省、市有关学生学籍管理的规定实行学籍管理，健全学籍档案，严格转学、休学、复学等审批程序。

第四十五条　学校建立学生成长档案，对学生实施综合素养评定，促进学生全面发展。每学期评价结果记入学生成长档案。

第四十六条　学校对德、智、体、美、劳诸方面均表现突出、在某方面有突出成绩或进步显著的学生，予以表彰和奖励，并记入学生个人档案。学校对违反校纪校规的学生予以批评教育，对情节严重者给予相应处分，并记入学生个人档案。

第四十七条　学校对符合入学条件且家庭经济困难的学生，通过助学金等形式提供资助。

第四十八条　学校建立学生会组织，保障学生自主管理和学生合法权益。学生干部一般通过民主选举产生。

第四十九条　学校建立健全学生评教、评校制度，支持学生参与班级和学校的民主管理与监督。

第六章　教育教学管理

第五十条　学校建立健全年级组、学科组、备课组等教育教学基层管理机制，创建教师共同体和教师教学共同体。

（1）学校年级组管理委员会是年级组自主管理的核心。由各年级组管理委员会组成，组员由行政代表、年级组长、备课组长等组成。主要承担年级组内部各项工作的整合与沟通；组内人力、物力等资源的协调、优化配置；学校常规工作和阶段性重点工作的进一步夯实、推进。

（2）学科组、备课组等是学校开展教育教学研究、落实教育教学质量管理等的基层单位。学校实行学科组长业务督导制、备课组长质量负责制，负责各科教育科研和年级教学工作。

第五十一条　学校贯彻国家课程、地方课程和校本课程三级管理体制，认真执行国家课程计划，积极开发校本课程，构建"七大学院"（文学院、理学院、科学院、社学院、体学院、艺学院、国际学院）的定制化课程体系。

第五十二条　学校打造"五维课堂"，实施"三定三制"教学模式，全面提升课堂效率和教学质量；实施"六力"（自然力、思想力、文化力、教师力、科技力、课程力）提升工程，构建"定制教育"的学院课程体系和教学体系，以社会实践活动课程、生活课程、国防课程、艺术普及课程、安全体验课程为载体，开展生活、艺术、安全技能教育，强化综合能力，全面提升学生的健康、生活和审美素养，为学生终身发展奠基。

第五十三条　学校采用数字化教学手段，建立有效教学云平台、实施数字化课堂云平台、与国际友好联盟学校远程视频交流平台等，提升教学信息化水平。

第五十四条　学校构建"九个一"（一生受用的行为习惯、一项突出的生活技能、一路伴随的艺术修炼、一个强劲的健美体魄、一副流利的演说口才、一种科学的思维方式、一手漂亮的软硬书法、一些善良的互助伙伴、一门优秀的学科素养）学生成长目标综合体系，以培养学生全面的综合能力。

第五十五条　学校强化因材施教教育，构建研究型、开放型学生社团，搭建创新拔尖人才平台，培养学生的实践精神和创新能力，为学生提供多维的个性发展平台。

第五十六条　学校强化教育国际化能力，积极引进国际优质课程资源和教师资源，积极开展对外交流，积极打造民族化的国际课程，提升学生国际素养。

第五十七条　学校建立教科研激励机制和保障机制，营造民主、自由、科学的研究氛围，构建对话、合作、反思、共享的研修文化，鼓励教师开展教育教学改革和发展教育研究，积极申报国家、省、市、区级课题，鼓励有研究能力的教师开设科研工作室，提升教师的研究能力和研究素养。

第五十八条　学校建立教师、学生、团队等多种评价系统，形成"师生个体发展性评价、师生团队（学校、学部、级科组、班级）发展性评价、社会（社区、家长）发展性评价"等多元评价体系。

第七章　家 校 社 区

第五十九条　学校选择家庭教育有较好成效并热心公益活动的家长，

在征得对方同意的基础上，建立学校的家长委员会。年级、班级相应建立家长委员会。

第六十条　学校定期召开校级家长委员会或各年级家长委员会联席会议，向家长通报事关学校发展方面的重大事项，听取建设性的意见。学校在教育教学管理中不受外界等非法干涉的影响。

第六十一条　学校依靠家长委员会有计划地加强对家庭教育的指导。

第六十二条　学校要求教师（特别是班主任）广泛联系家长，做好家庭访问工作，使家庭教育与学校教育形成合力，促进学生健康成长。

第六十三条　学校通过对外服务窗口、家长学校、家长开放日、家长会等途径，为家长提供教育咨询服务。

第六十四条　学校作为社区的组成成员，通过加强内部建设，以良好的校风、教风、学风树立良好的公共形象，在教育小区内发挥积极作用。

第六十五条　学校依托社区，努力开发社区教育资源，依靠社区开展社会实践活动，为学生创造服务社区和实践体验的机会。

第六十六条　学校依靠街道工作站、派出所等政府部门开展校园内及周边地区的综合治理工作，加强对行为偏差学生的教育，确保学校创建安全文明校园的成果。

第八章　财 务 管 理

第六十七条　学校实行上级领导、集中核算、分级管理的财务管理体制。

第六十八条　学校经费来源是财政拨款，学校是政府全额拨款单位，有关财务预结算、会计事务等事项，均由南山区财务中心办理。学校按照校务公开制度的规定公开财务情况。学校的教育经费做到专款专用，确保教育经费的使用效益。

第六十九条　学校的房屋、土地资源、财产受法律保护，任何单位和个人不得侵占、破坏或移作他用。学校聘用专人负责校舍、财产的管理和保养。建立健全各种教育设施、设备的登记,管理和使用制度。每学期普查一次,对遗失、损坏和正常报废的查明原因,及时赔偿、维修、添置和注销。

第七十条 学校建立健全财务管理制度,严格规范管理,构建财务公开、监督体系,依法接受上级部门的检查监督。

第七十一条 学校建立健全资产管理制度,加强流动资产、固定资产、无形资产等学校资产的管理。优化资源配置,提高使用效率。

第七十二条 学校严格执行收费政策,实行收费标准公示,规范收费行为,严格实行收支两条线管理。

第七十三条 学校完善后勤管理和服务体系,搞好服务窗口建设,提升后勤管理和服务质量。

第九章 附 则

第七十四条 学校建立健全本章程统领下的学校规章制度体系。规章制度的立、改、废均按照民主程序进行。

第七十五条 本章程经学校教职工代表大会审议,校长办公会、学校行政会通过,并报区教育局核准同意后实施。

第七十六条 本章程未尽事宜按照法律法规及上级规范性文件政策执行。如有抵触,以法律法规及上级规范性文件为准。

第七十七条 本章程的修改须有三分之一以上教职工代表大会代表提议或者学校党总支提议方可进行,修改后的章程须经教职工代表大会审议和校长办公会通过,报区教育局同意备案后生效。

第七十八条 本章程由校长办公会负责解释。

深圳市南山区前海学校"十四五"发展规划纲要（2021—2025年）

教育是国之大计，党之大计。为进一步促进南山区教育事业的发展，满足人民对优质教育的迫切需求，前海学校全面贯彻习近平总书记关于教育的重要论述和全国教育大会精神，结合"南山质量"的社会经济发展趋势和未来教育的发展定位，编制《深圳市南山区前海学校"十四五"发展规划纲要（2021—2025年）》（以下简称前海学校"十四五"规划）。

序言 定制教育——成就每个人的奇迹

"教学有法，但无定法，贵在得法。"从圣贤孔子的"因材施教"，到工业化时代的班级制教学，到党的十九大及全国教育大会对未来教育的发展提出新需求，教育正从"生存教育"向"素质教育"转变，教育的目的和方向也随着社会经济的发展和对人才需求的转变而不断迭代更替。前海学校一直全面贯彻党的教育方针，落实立德树人根本任务，与时俱进地发展新的教育理念。2003年建校伊始，前海学校的教育教学理念侧重学生做到"会做人、会求知、会办事、会生活"，"能写一手好字、能作一篇好文章、能说一口流利的英语、能演奏一种乐器、能掌握一项健身技能"的"四会五能"；自2012年起，学校以"博约"理念文化建设为着眼点，进行学校文化建设整体构建。秉承"博约教育思想"，创新六大板块（博约评价、博约德育、博约教学、博约课程、博约文化、博约管理），确立了"博约"教育思想：以"博文约理"为办学理念，以"人本、和谐、卓越"为核心。

总结历史发展规律，秉着对教育独到且深刻的理解，现任前海学校党总支书记、校长唐毅兵在全国校长论坛上首次创新性地提出了以学生发展、教师发展、学校发展为核心，强调激发学生潜能和教师教育风格，借助大数据来量身定制每个学生和教师发展的新发展方案，形成了浓厚的前海校园文化和成就每个人的奇迹的"定制教育"理念及"三定三制"的教学思想。面对未来，学生需要具备能适应未来社会发展需求的技能与素养。问题解决能力、批判性思维、团队协作能力、数字素养、跨界交流合作等是未来社会人才的必备素质。在对未来学校教育、学习和技术发展变革趋势的预测与判断基础上，本着探索新技术变革学校教育机制的初心，唐毅兵校长创造性地将对未来教育的思考应用到教育实践中，构建了前海学校"未来课堂"的教育新体系，从"本""纲""度""时""界"五个维度出发，打破教材、教师、教室、学科的边界，形成了前海学校全新的发展格局。

第一部分　学校发展现状和形势分析

一、学校基本概况

南山区前海学校位于南山区前海之滨，临海听风，置身高尚社区，自然与人文环境优越，是一方理想的读书胜地。目前，有幼教部 6 个班，小学部 39 个班，初中部 38 个班。

教师资质卓越，教学科研成果丰硕。现有任课教师 223 名。其中，高级职称教师 44 名，占 20%；中级职称教师 116 名，占 52%；"骨干教师"称号获得者 106 名，占 48%，研究生学历 36 人，占 16%。教师发表各类论文数百篇。

学校教育教学设施一流，实现了教学手段的现代化和信息化。学校被南山区教育局设立为首批"5G"学校，实现了校园双网全覆盖。校园主干网络光纤 40G，实现了万兆光纤到教室，千兆到桌面。学生班级、功能室配备了一体机及电子白板。智慧校园平台及 AI 课堂全面投入使用。教学仪器严格按照《深圳市义务教育学校设施设备配置标准》，并逐年增加更新，充分满足了教育教学需求。学校拥有畅捷的校园网、宽敞的学术报告厅、崭新的多功能教室和学生网络机房；为每位教师配备了一台专用办公电脑；拥有漂亮的塑胶运动场、体育馆、球场以及学生阅览室、教师阅览室、科学实验室、音乐教室、美术教室、舞蹈教室、教工活动室等。

二、学校发展现状与优势

学校自创建以来，以"办好人民满意的教育"为追求，坚持"质量立校、特色扬校、民主理校、文化厚校"的办学方略，坚持依法办学、按规律办学和特色办学，坚持"定制教育"的办学理念，构建了"定制化学生成长、定制化课程、定制化教育教学、定制化教师培养、定制化管理"的教育体系，取得了巨大的成绩。先后获得国际生态学校、中国基础英语素质教育实验基地、广东省义务教育规范化学校、广东省教育科研先进单位、深圳市教育系统先进单位、深圳市书香校园、全国生态文明教育特色学校、深圳市体育特色示范学校、深圳市红旗大队、南山区优秀党支部等 40 余项荣誉（见附表 1）。

附表 1　主要办学成果

成果	总数	主 要 内 容
集体奖项	10 项	"全国生态文明教育特色学校"；广东省中学生乒乓球锦标赛团体第二名；"深圳市体育特色示范学校"、深圳市"体育彩票杯"中小学生棒球联赛 U15 组冠军等
个人奖项	500 多人次	国家级 23 项（包括一等奖 7 个、二等奖 10 个、三等奖 6 个）；省级 13 项（包括特等奖 2 个、二等奖 5 个、三等奖 8 个）；市级 39 项（一等奖 13 个、二等奖 11 个、三等奖 15 个）；区级 217 项（特等奖 24 个、一等奖 98 个）等
课题研究项目	24 项	省级课题"基于大数据驱动下定制教育实践研究"、市级课题"PBL 在中小学阶段的嵌入式研究与实验"等

（一）定制化教育深入人心

"定制教育——成就每个人的奇迹"的办学理念，就是运用大数据，根据个人潜质、喜好和需求定制个性化的教育，摆脱同质化的单模式教育。在定制教育中，学生的个性差异、学生潜能都能彰显；教育者通过创造良好的育人环境把学生个体先天的"优质"牵引出来，把人类积累的智慧资源充实进去，使学生个性特征与学习环境之间达到平衡，形成健康、自信、充实的个性发展；最大限度地激发学生学习兴趣，提高学习能力，释放生命潜能，突破生存限制；实现量身定制的自我成长、自我实现和自我超越。学校基于"定制教育——成就每个人的奇迹"的理念，将信息技术融入课程体系的各要素之中，为学生提供适宜的学习经历并使其获得丰富的学习经验。如何使用信息技术来撬动教学方式的变革，使得学生可以自主和个性化地学习，让教师因材施教成为可能，是摆在我们面前的时代难题。

唐毅兵校长在"定制教育"中提出大数据学习分析理论，通过"三定三制"（3C3M），使个性化高效教学的实现成为可能。具体而言，"三定"指的是定基础、定需求、定学生的个性目标。定基础，用数据分析学生的个性状况，确定学生该学科的不同层级水平；定需求，从课标要求到社会需求，从家长对孩子的意愿到孩子的兴趣爱好，确定基本需求；定学生的个性目标。结合上述两"定"，依据课堂教学内容，安排标准达成的三个层次：一是基础标准，二是提升标准，三是创新烧脑标准，确定每个孩子的层次要求，并在一定的周期内进行调整。"三制"指的是制课程、制教学、制评价。制课程，在整体的课程体系下，选择相应的教学内容和素材，包括提供的可用素材、归纳授课重难点、设计学生自主学习任务；制教学，结合教学内容，制订相应的教学方法，包括展示法（通过现代技术进行实景模拟，资源展示等）、讲授法（对新难点知识进行讲授）、习得法（学生温故知新）、分组研讨法（包括项目分组和层级分组，通过分组形成团队合作效果）等。制评价，一是课堂上的现场考评，达成的表扬鼓励，没达成的同伴互助。二是作业分层考评，依据先前定的三级个性目标，考核学生的达成情况，并以此适当调整学生的目标等级，作为定基础的再调节依据。三是展示，按照学生的目标等级进行学习成果展示，保证该生在自己相应的层级内达标。"三定三制"形成了一个动态的生物圈：前期定的基础和目标决定后阶段的教学要求和考评，再依据考评及反馈情况对学生的需求定位和目标进行调整和动态修订。

（二）未来课堂引领变革

21世纪的学习环境不仅包括有形建筑、教室等，还包括与学习有关的学校课程与活动计划、软硬件设施设备、校园文化、教师与教育管理团队、教育系统的领导与政策等，这些要素共同支撑21世纪的教与学。唐毅兵校长提出"未来课堂"的教学理念，以"本""纲""度""时""界"五维作为核心，利用先进的云技术，组建教师智库，构建智能化学习环境，促进师生高效能地教与学，改善师生关系，根据学生特质和学习进度，为学生正式、非正式的学习交互活动提供适宜的个性化服务，打造时空无限性和连续性的未来课堂，更好地适应新课程改革和未来教育的需要（见附图1）。

未来课堂：五维课堂

"本"：教师以教学目标为核心，创造性地使用教材
"纲"：教师依据课程整体大纲，探索连贯系统的学习
"度"：教师根据学生物质，定制每个学生的学习进度
"时"：教师搭架智库，实现学习的时空无限性和连续性
"界"：教师借助开放的云平台，为学生提供无墙教室

附图1　未来课堂：五维课堂内涵

（三）定制化管理井然有序

在前海学校管理层级的战略部署上，采用"三分科层＋七分扁平"的行政改革与大数据网格化的科技融合——三分科层体现在工作程序的逻辑架构上，七分扁平指的是减少层级行政的滞后性，根据实际情况和多方数据更新的大数据网格化思维，灵活、创新地执行任务。党总支书记、校长的指示通过党总支会议发布到各个中心，各个中心根据学校的指示形成新的方案，各个年级组长执行相应的方案任务。在实际运行中，相关人员要充分发挥网格化的管理思想，可以越级进行检查与反馈，但是不能越级进行指挥。学校是教育教学的集合体，任何教师、管理人员

都有着相应的责任与权利，需要做好自己本职工作的同时也要做到"一岗双责"，关注学校的发展、关爱学生的成长、加强同事之间的协作。对这方面工作，学校会在职称评定，评优评先方面予以考虑。前海学校现行管理制度结构如下：校长管理六大中心与副校长，各个中心（例如教学中心对应的各个学科组长的统筹部署）与副校长明确职务边界，确保每个年段有一个执行年段长。这种权责分明的"前海模式"将前海学校带入了全新的时代，学校坚持发展抓公平、改革抓体制、安全抓责任、整体抓质量、保证抓党建，全面推进依法治教，巩固拓展教育改革发展成果，为建设高质量教育体系立柱架梁，推进教育治理体系和治理能力现代化。

1. 学校领导班子分工

党总支书记、校长：×××，全面主持学校党政工作。

党总支副书记、副校长：××，分管党务、办公室、学校文化、宣传、工会、信访、安全、计生、妇女工作，财务负责人。

副校长：×××，分管课程教学中心、教师文化中心（教师发展、课题研究、教师评价等），对口中学部日常工作联系。

副校长：××，分管学生成长中心、幼教中心、共青团、少先队，对口小学部日常工作联系。

2. 中层干部主要岗位职责安排

1）党务行政中心

党务行政中心包括办公室的既有职能——人事工作、档案处理、文件保管与传输、工资安排、职位的评定、工会等，以及与党组织的各项党建工作相结合的上传下达的"枢纽中心"，是学校支撑支持联结的重要部门之一。

中心主任：××，负责党务、协调、督办、信访、人事、工资、校务公开、外联、接待、文秘、档案、会议纪要等。

2）安全服务中心

安全服务中心负责中小学的所有安全措施与安全教育工作的统筹规划，是学校支撑支持联结的重要部门之一。

中心主任：×××，负责总务工作；负责学校建设与维修、校园资产、项目预算和申报、项目的招标管理、采购保管、环境卫生和学校食堂管理；负责信息中心（信息技术、图书）、功能室、设备的维护。

副主任：×××，负责学校安全管理（校园各项安全工作）、落实安全岗位责任制、开展师生安全宣传及教育活动，并协助联防小组做好片区安检及督导工作；负责学校的保安工作。

3）课程教学中心

教育教学是学校成长的重要领域，"教学是学校工作的第一线"。课程教学中心作为六大中心中侧重实践的中心，是最先感触最新最有效经验的工作坊，是学校生机盎然的保障。

中心主任：×××，负责学校课堂教学、教学常规、课程（含校本课程）的实施及评价、教师教学及考核、教学质量及常规教研活动、招生、学籍、有关教务工作等。

副主任：×××，负责学校课程建设，学制衔接，"四点半课堂"，精品特色课程，质量分析（各抽测及中考科目）。

副主任：×××，负责学校小学部课堂教学、教学常规管理、课程的实施及评价、教师教学及考核与管理、教学质量及常规教研活动，以及小学部教务常规工作。

4）教师文化中心

中心主任：××，负责全校教师发展、学校文化建设、学校品牌建设、教师发展平台搭建、教师评价；宣传、校报校刊；课题管理、教师培训，各类名师培养等。

5）学生成长中心

副主任：××，负责全校学生成长软文化建设，心理健康教育等。

副主任：××，负责全校学生成长常规落实，具体负责中学部学生工作。

副主任：×××，负责全校学生成长常规落实，具体负责小学部学生工作。

团委书记兼大队辅导员：×××，负责学校团委、少先队各项管理工作；负责校园广播站、鼓号队等管理，协助做好班级文化建设、各项社团工作落实。

6）幼教中心

园长：××，负责全面主持前海学校绿海名都幼儿园工作。

（四）定制化课程细致入微

前海学校作为南山学校教育改革的先锋之一，历来强调主动吸纳先进的教育理念，实施教学改革，从办学初，实现九年一贯制，到如今实现十二年一贯制，学校一直在发展壮大。面对小学五年和初中四年的传统学制无法适应高质量教育的需求以及社会经济的协调发展的状况，前海学校充分利用九年一贯制的优势，尝试将九年时间作为一个整体贯通考虑，细化九年中每年教育教学的内容、方法和途径，加强学年之间的衔接，全面规划和安排，进行教育教学"全方位"的整合，使其互相联系、渗透、促进，从而形成一股合力，达到整体大于部分之和的整体效应，最终落实"三减"，即减缓小升初教学压力、减轻学生课业负担、减少择校压力，以保证教学连贯性和学业优质化。在学前三年即幼儿园期间，学校着重加强幼儿体感认知及训练，培养习惯养成行为规范；在小学五年中，全面完成国家义务教育小学阶段所规定的相关课程内容之外，完成学校定制的五大课程和掌握部分特色课程；在中学四年期间，利用中学前三年完成国家义务教育中的相关要求，在中学的第四年完成学校定制的四大课程体系并且对中考进行全面复习与备考。

伴随着理论和实践的不断深化，素质教育的战略意义不断凸显：《国家中长期教育改革和发展规划纲要（2010—2020年）》把"坚持以人为本，全面推进素质教育"确立为我国教育改革发展的"战略主题"；党的十八大以来，习近平总书记多次指示，要推进素质教育，提高教育质量。当前，全面深化教育领域改革，深入推进素质教育，着力提高教育质量，提升人力资本素质，已经成为教育领域重大而紧迫的任务。前海学校以"四点半课堂"和特色学院课程双主线的课程结构，给学生提供更加多元的选择，保障学生在基本的学习需求基础上掌握一定的技能与特长。在特色学院课程的设计上，前海学校仿照高等教育的学院设计模式，在考量青少年的身心发展规律后，共设立了七大学院，分别为：传承中华文化，浸染文学气息的文学院；培养逻辑思维，建立数理思维的理学院；锻炼动手能力，开发创造潜能的科学院；彰显人文情怀，关注社会关爱身边人的社学院；强健身心，快乐成长的体学院；学习美学体系，提升气质的艺学院；形成国际视野，拥有世界情怀的国际学院。

（五）定制化教师发展合理灵活

建立一支素质良好、结构合理、队伍稳定的教师队伍，特别是青年教师队伍，不仅关乎着未来人才培养的质量，其后劲和发展水平，更关系到整个教育大计。

习近平总书记指出："一个人遇到好老师是人生的幸运，一个学校拥有好老师是学校的光荣，一个民族源源不断涌现出一批又一批好老师则是民族的希望。"前海学校对教师的培养历来非常重视，通过个性化和灵活的教师发展模式培养了一批又一批优秀教师。首先，针对青年教师，特别是非师范院校的毕业生在教学态度、教学艺术等方面可能有所欠缺的情况，前海学校采用一对一的"师徒结对"方式，由老教师带教入职1～3年的学徒级教师，帮助他们快速完成从学生到教师的角色转变，达到了解学科体系、掌握基本教学方法、能正确解决学生对学科知识的需求的基本目标。

其次，针对3～10年教龄的教师，前海学校要求他们能够掌握学科教学中的不同教学方法（三定三制）并能应用；对学科知识融会贯通，相互共联；熟练解决学生问题，积累一定的教学经验，真正做到"教学有法，但无定法，贵在得法"的阶段性成就。

最后，课程改革能否真正取得预期目标，取决于能否把课程改革的这些理念和目标转化为教师的教学行为。《基础教育课程改革纲要（试行）》在课程改革的具体目标中指出："改革课程过于注重知识传授的倾向，强调形成积极主动的学习态度，使获得基础知识与基本技能的过程同时成为学会学习和形成正确价值的过程。"课程改革能否真正取得预期成果，就取决于能否把课程改革的这些理念和目标转化为教师的教学行为。前海学校对10年以上教龄的教师提出了更高的要求——教学方式从教转向对学的指导；针对不同知识内容、不同学生情况设计制定有效教与学的模式；形成有自己个性特色的教学方式。学校提供平台设定工作室等对这些教师进行支持，根据每个教师的发展，对能够总结归纳出各种教与学策略，形成理论与实践的有效组合，发展特色的教学思想，有望形成有影响力的成果的导师级教师给予多方面支持。

（六）定制化学生成长照亮未来

素质教育注重学生个人潜能的发挥，注重学生创新精神和实践能力的培养，注重学生综合素质的提高。实施素质教育不仅能够使以人为本的教育理念得以体现，也是全面贯彻国家教育方针，促进学生身心健康发展的首要任务。继中国学生发展核心素养的人文底蕴、科学精神、学会学习、健康生活、责任担当、实践创新的"六大素养"和深圳品德素养、身心素养、学习素养、创新素养、国际素养、审美素养、信息素养、生活素养的"八大素养"之后，唐毅兵校长结合前海学校的办学理念和教育教学价值取向，极具针对性地提出了学生成长的"九个一"：一生受用的行为习惯、一项突出的生活技能、一路伴随的艺术修炼、一个强劲的健美体魄、一副流利的演说口才、一种科学的思维方式、一手漂亮的软硬书法、一些善良的互助伙伴、一项优秀的学科素养。

三、学校面临的主要挑战

（一）学校未来发展战略目标，需要进行系统顶层设计

学校站在什么样的高度，确立什么样的战略目标，谋求什么样的创造性发展，是所有教职员工面临的共同挑战。

（二）学校的品牌亟须树立和擦亮

学校经过十多年的发展，虽然有了一定的成绩，但定位不明确，个性化特色不够突出，学校口碑还不够响亮，抽测以及中考成绩不能在区名列前茅，与家长的期望值有一定差距，一些优秀生源流失，个别优秀教师流走，学校的社会知名度有待加强。

（三）教师的专业发展力度疲惫

教师是学校发展的核心竞争力，前海学校现有教职员工中，优秀老

师不少，但是形成区、市内名师的不多。年轻教师少，老中青骨干衔接缺位，教师专业成长动力不足，教师的提升平台不够，教师倦怠情况在中年教师中占有较大比例。

（四）学校的文化特质不明晰

文化是学校的灵魂，是学校的韵味，需要长期积累并且物化。前海学校如何设计自己的形象，铸造自己精神，建立起国际化、系统化、生活化的文化品牌，是学校目前的现实课题。

（五）外围环境需要优化

学校正门马路来往车辆噪声污染、尾气污染较重，且存在交通安全隐患；学生上下学单车的路边停放，秩序混乱。这些需要学校在考虑教育生态环境问题时与社区协商，妥善解决。

第二部分　学校未来总体战略和发展任务

一、指导思想：价值引领，未来驱动

前海学校以习近平新时代中国特色社会主义思想为指导，按照"五位一体"总体布局和"四个全面"战略布局，增强"四个意识"、坚定"四个自信"、做到"两个维护"，坚持稳中求进工作总基调，立足新发展阶段，贯彻新发展理念，构建新发展格局，以推动高质量发展为主题，以改革创新为根本动力，坚持系统观念，更好地统筹发展与安全，坚持和加强党对教育工作的全面领导，全面贯彻党的教育方针，落实立德树人根本任务，坚持发展抓公平、改革抓体制、安全抓责任、整体抓质量、保证抓党建，全面推进依法治教，巩固拓展教育改革发展成果，建立教师、学生和学校发展的利益共同体，培养人格健全、基础厚实、思维活跃、体魄强健、具有可持续发展潜力的高素质学生，实现教师、学生和学校的共同发展；夯实发展基础，进一步加强"定制教育"的思想和文化浸润，在未来五年的教育高地争夺战中，做到五大转型：在教育价值取向上，从过度追求现实功利，转向促进学生全面发展；在教育质量评

价上，从过度注重学科知识成绩，转向全面而多样的综合评价；在学生培养模式上，从标准化、同质化教育，转向注重需求导向的个性化培养；在教师专业成长上，从强调掌握学科知识和教学技能，转向注重专业素养和教育境界；在教育管理方式上，从单纯依靠行政命令，转向更加强调价值理念和专业引领。

二、办学理念：定制教育，立德树人

【办学理念】

"定制教育——成就每个人的奇迹"。

【教育模式】

"三定三制"（"3C3M"）

"三定"：①定基础；②定需求；③定学生的个性目标。

"三制"：①制课程；②制教学；③制评价。

【评价模式】

"五育并举"：突出德育实效，提升智育水平，强化体育锻炼，增强美育熏陶，加强劳动教育。

【课堂文化】

"五维课堂"

A."本"：教师以教学目标为核心，创造性地使用教材；

B."纲"：教师依据课程整体大纲，探索连贯系统的教学；

C."度"：教师根据学生特质，定制每个学生的学习进度；

D."时"：教师搭架智库，实现学习的时空无限性和连续性；

E."界"：教师借助开放的大数据，为学生提供无墙教室。

【发展维度】

"六大提升"

A.自然力　B.思想力　C.文化力　D.教师力　E.科技力　F.课程力

【课程体系】

"七大学院"定制课程

A. 文学院课程　B. 理学院课程　C. 科学院课程　D. 艺学院课程
E. 体学院课程　F. 社学院课程　G. 国际学院课程

【学生成长目标】

"九个一"综合体系

A. 一生受用的行为习惯　B. 一项突出的生活技能　C 一路伴随的艺术修炼　D. 一个强劲的健美体魄　E. 一副流利的演说口才　F. 一种科学的思维方式　G. 一手漂亮的软硬书法　H. 一些善良的互助伙伴
I. 一项优秀的学科素养

【学生成长平台】

小院士、PBL 项目、心理训练站、小博士、导师工作站、文学院、国内外游学、家长义工站、前海之星、年度十佳、月度进步学生、科学院、大数据成长手册、实践课程空间站（安全、生活）、各类才艺舞台、精品社团。

【人文校园】

班级文化、墙体文化、地面文化、作品设计、宣传栏等。

【特色教室（功能室）】

科技工作坊、艺术表演室、体育训练场、美术创作室、攀爬墙、英语场景室、戏曲表演室。

三、发展战略：对标国际，创新发展

到 2025 年，以培养适应未来需要的国际型一专多能的创新人才为导向，将前海学校建设成为南山区特色品牌学校、深圳市一流学校，初步建设成为具有前海特色的"国际化、智能化、生态化、定制化"特质的示范品牌学校，力争取得在省内、全国有一定影响力和在国际上有广泛交流的现代化学校。

（一）加速推进国际一流教育

1. 确定国际化人才培养目标

教育国际化的总体要求是培养大批"具有国际视野、通晓国际规则、能够参与国际事务与国际竞争的国际化人才"。而国际化人才的核心目标

主要是"六大关键能力"和"四大现代素养"。

六大关键能力：独立生活和自理自律能力，批判性思维与质疑能力，创新意识与实践动手能力，表达、沟通与交际能力，信息收集、处理与运用能力，团队协作与领导能力。

四大现代素养：健全人格和良好德行、全球意识和跨文化理解、审美情操和价值定力、运动志趣和生命激情。

2. 建构国际化的课程体系

（1）优化课程结构。学校课程由三大部分构成，包括国际课程、国家课程和校本课程。课程建设理念是：国际课程本土化，国家课程校本化，校本课程个性化。

（2）加强课程融合。

（3）推进课程拓展与生成。

校本课程的生成主要有两条途径：一是国家课程的校本化，在国家基础课程中，开发出适合本校需要的延伸性课程；二是学校自主开发的特色特长教育课程。

根据学生年龄特点和个性化需要，立足校情，开发七大类校本课程，如附表2所示。

附表 2 校本课程种类与项目

种类	具 体 项 目
国语类	包括朗诵与表演、绘本阅读、诗词秀、经典诵读、名人故事、国学、演讲、金话筒、创意写作等
数学类	包括趣味数学、七巧板、思维导读、玩转魔方、速算等
科技类	包括科技制作、创客、编程、头脑奥林匹克、种植养殖、木工、科技小发明等
艺术类	包括声乐、合唱、中国舞、芭蕾舞、民族器乐、西洋器乐、美术、书法、插花、动漫、摄影、版画、竖笛、创意绘画、设计等
体育类	包括篮球、足球、乒乓球、羽毛球、游泳、跳绳、田径、街舞、自行车、围棋、中国象棋、国际象棋等

（续表）

种类	具 体 项 目
国际理解类	包括英语戏剧、英语演讲、英语配音、世界游学、国际在线交流、西餐制作、国际礼仪等
综合实践类	包括社区服务、社会调查、领袖才能、信息技术、青春期卫生、心理健康、生活与自理、烹饪、服装设计、网络绘画等

学生发展是学校发展的根本目的。学生的发展必须做到德智体美劳全面发展与个性化相结合。学生发展的总体要求是：求善、求真、求美。

3. 营造具有国际品位的校园文化环境

坚持校园文化整体设计，分步实施。

（1）视觉文化中西结合，双语呈现。学校的所有视觉空间，要合理布局，精心设计，统一规范。既要体现民族文化的精华，又要体现世界文化的丰富性，将两者和谐有机统一起来。所有墙面、书面的文字、理念、格言等，都用中文和英语呈现和表达，包括学校画册、简介、信笺、笔记本、网站等。

（2）坚持师生自主设计、自主创新、自主布置、自主管理。聘请设计师开设校园文化设计校本课程，采取社团形式，提高学生设计意识和技能，帮助班级进行教室文化建设创新，开展教室文化年度评选活动，以此推动创意设计、创意绘画、创意制造活动的蓬勃发展，为学校文化的持续创新开辟源泉。

（3）营造浓厚的英语交际环境。一是加强英语教学力度，增加英语课时量，所有年级每周英语课时为5节。二是大力发展英语学习社团，采取聘请外教、校外兼职教师，邀请大学英语专业学生等方式，丰富课外活动形式，增加英语的学习时间和交际频率，大幅度提高英语交流水平。

（4）编写校园生活英语实用读本，内容包括课堂用语、问候用语、生活用语、学习用语、家庭用语等，倡导师生相互鼓励，共同执行。切实营造处处现英语，人人说英语，时时用英语的良好外语氛围。

4. 搭建多样性的国际合作与交流平台

（1）保持和加强与美国所罗门学校、英国波恩学校、加拿大沃尔顿小学等的联系，创造条件开展多样性的教师交流和学生游学活动。探索姐妹学校之间的内涵式发展，在教育理念、培养目标、教学方式、学习方式、评价方式等领域，加强交流互鉴，合作互融。

（2）充分利用学校的云平台和信息技术，组织信息技术老师和英语老师，共同探索与国外姐妹学校创建在线交流平台的技术手段、组织架构、运行策略和实现形式，打造与外国学校及时互通的便捷通道，为师生形成世界视野和国际意识创造条件。

（3）加入广东教育国际化实验学校群团。根据广东教育学会教育国际化专业委员会的要求，有计划、有步骤地开展教育国际化的研究与实验，积极参加国内外的各种学术交流与展示活动。通过实验，建设全校性学习共同体，培养一批具有国际视野和技能的新型教师，为进一步发展成为广东教育国际化示范学校奠定基础。

（二）信息技术智能化

针对校园网发展滞后的问题，学校"十四五"期间，要在信息化数字化的基础上，构建智能化校园云平台建设，使前海学校的教育教学发展迈上新台阶，实现信息技术与教育教学的有机整合。

1. 加大信息技术基础建设力度

进一步完善校园网络、管线，实现宽带网校园全覆盖。提高计算机配置率，增加计算机公用网点，在图书馆、游览室、休息大堂等，安装计算机，方便学生随时上网学习。加强无线网络设施建设，提高无线上网速度。

2. 建立大数据云平台

云平台是智慧校园的中心，是智慧学校建设的基础平台、数据共享平台、数据交换平台。

（1）制定学校的数据规范、数据标准和基础数据，提供给智慧校园其他业务系统，实现共享，同时作为整个智慧校园的数据交换枢纽承担数据交换的作用，为学校的教学、科研、管理和生活等各个方面的业务应用系统服务。

（2）统一身份认证系统是以目录服务和认证服务为基础的统一用户

管理、授权管理和身份认证体系，它将组织信息、用户信息统一贮存，进行分级授权和集中身份认证，规范应用系统的用户认证方式，在移动智慧校园信息系统集中身份库的基础上，实现用户信息的自动同步处理功能。通过认证和授权，用户对于资源的访问受到合理的管控，这样就提高了系统的安全性和服务的针对性。

（3）学校信息用户根据学校的实际情况进行 UI 设计，提供模板给学校选择，根据学校情况进行网站整体构架设计，有效控制网站管理权限，保证网站运行的兼容性和安全性。

（4）一体化桌面系统基于智慧校园统一基础数据库平台和单点登录系统，可实现桌面与各应用系统之间的完美切换。

（5）掌上校园实现在线课堂、精品课程、移动监控、移动办公、移动门户和即时沟通六大功能，打造移动化的掌上校园。

3. 精细打造智慧管理系统

（1）办公自动化系统实现通知公告管理、审批流程定义、请假流程管理、问价审批流程、资源申请流程、保修流程管理和专用场地申请流程管理，实现对流程的发起、监控和统计等功能。

（2）教育教学管理系统包括教学计划、教学资源、学生学籍、学生评价、学生评教、用户信息、课表编排、考务管理、成绩管理、教学考评等功能。

（3）教师绩效评价系统包括公开课管理、听课管理、网上评课、学生成绩管理、作业管理、考勤管理、教案管理、教学反思、工作总结、获奖管理和绩效工资管理等功能模块，为学校正确评价教师的德才表现、教学效果和工作成绩，促进教师队伍整体素质提高，为教师职务晋升、聘任、评选先进和奖励等提供真实依据。

（4）综合素养分享系统实现校园内的教务、教学、科研、资源、信息、管理等的电子化，实现对教育的科学管理，实现教育资源和信息的高度共享。学生可自定义管理自己个人桌面空间，对教育资源、软件应用、个人资讯等信息进行推送分享和互动。

（5）教师资源库管理系统管理各类资源，支持与专业建设相匹配的各类资源的存贮和应用，提供安全、快速的检索。

（6）资产中心管理系统包括资产采购、入库、运行、维护、盘点、维修和报废等功能。

（7）网络教学系统可以让学生和老师随时随地加入进来，只需要通过计算机或者移动终端就可以实现网上授课或者参加家长会，让学生足不出户就能实时享受到优质的教学资源。

（8）微课制作系统集数影仪、平板电脑和微课制作于一体，采用可收纳式设计，携带方便，基于 Windows8 系统搭载微课制作软件，可实现微课的录制、剪切、合并、格式转换、上传、检索等功能。

4. 创建网上国际交流平台

魔灯课程管理平台能有效地进行活动设计，重视培养学生协作学习和研究性学习的能力，可以记录学生完整的学习历程。教师可以通过这个平台离线设计好课程，再将课程以附件的形式上传到网上。

前海学校通过构建智能化教学平台实现区域引领的导向功能作用。

（三）学校环境生态化

生态良好是高质量发展的要求。"十四五"期间，前海学校将依靠全校师生的创造力，探索建设富有独特个性的泛生态教育体系。

1. 自然环境生态化

自然环境生态化着重抓好三项工作：

（1）全面规划学校的自然生态建设。按照"柳暗花明，世外桃源"的目标，设计方案，制订规划。规划要覆盖整个校园，尽可能增加绿色面积，丰富植物种类，实现四季常青，鸟语花香，大幅度提高生态品质，让美丽校园成为师生的诗意栖息地和精神家园。

（2）改造建设屋顶植物园。充分利用教学楼的屋顶空间，依据小学自然、科学和社团活动的教学要求，设计建设屋顶植物园的内容、形式和规模，把生态校园建设与校本课程开发有机地结合起来，在扩大学生活动范围的同时，拓展学生的学习内容和形式。

（3）加强校园立体生态建设。生态环境建设要深入教室、廊道、办公区和其他师生活动空间，体现生态环境的多样性、艺术性和立体化，做到"处处有生命，处处有生机，处处有生活"。

2. 人文环境生态化

学校是社会的单元，是人的生命中的一个链接，必须放在社会大格局、大链条、大平台上谋求发展。"十四五"期间，学校人文生态建设应在以下方面取得显著成效。

（1）坚持开放办学。首先树立全球意识，国际视野。时刻关注世界的变化和发展，积极主动地学习先进的理念和技术，借鉴有益的经验和成果，紧跟时代进步的节奏。鼓励全校师生积极参与国际国内的各种比赛、交流与游学活动，创造条件让师生更多地认识世界、了解世界，与世界同步。

（2）创新开门办学。把学校融入社会、融入社区、融入生活，是未来教育的一大趋势。开门办学主要从以下路径入手：一是开辟社会大课堂，根据学校的总体目标和工作要求，有计划、有步骤地建设一批社会教育基地，包括企业、大学、机关、工厂、社区、老人院、商场、自然资源集中地等，纳入学校校本课程开发计划；二是挖掘社会高端人力资源，建设一支高水平的兼职教师队伍，充分利用学校的辐射作用，聘请一批工程师、管理师、大学教授和具有特殊技能的人才，为学校开设课程；三是教学工作"5＋6"社会开放，每周5天，每天6小时向家长开放，向兄弟学校开放，向社区开放，打造物质形态有围墙，精神形态无围墙的新型学校。

3. 营造和谐温馨生态校园

高扬"自由、民主、快乐、和谐"的生命价值理念，让学校成为师生"共建共享，共生共荣"的乐园。

（1）制定"快乐校园"的公约。公约包括微笑点头的文明举止，亲切尊敬的礼貌用语，不粗鲁、不埋怨、不伤害他人的德行修养，知难而进、乐于挑战、永不言败的坚强意志，乐意助人、不计得失的良好品格等。

（2）继续打造"快乐体育""快乐阅读""快乐绘画""快乐创意"的"快乐循环链"。

"快乐体育"为学生发展奠定健康基础，"快乐阅读"为学生发展奠定人文精神，"快乐绘画"为学生发展奠定艺术才能，"快乐创意"为学生发展奠定创造能力。学校积极调动学生"发现快乐—分享快乐—创造快乐—撒播快乐"的快乐天性，让学生在快乐和成功的滋润中幸福成长。

（3）开设"桃源快乐大讲堂"。分别邀请本校教师主讲"导学—自学—互学—乐学"的教学体会和经验，家长讲述亲子快乐、家庭和谐的精彩故事，学生分享同伴互助、教学相长的亲身感受。

（四）定制设计个性化

个性化教育是未来教育的方向，前海学校要把发展个性化教育作为学校"十四五"期间的关键领域，依靠全体教师和家长的共同努力，积极探索定制设计个性化教育的发展模式与技术路径。

1. 坚持以学生为中心的办学理念，逐步实现符合学生成长规律的个性化教育

学校通过引进、吸收、改造发达国家的技术和经验，有步骤地开展学生个性、特长、兴趣、天赋等方面的测评，把过去对学生模糊、抽象、笼统的了解，变为全面、准确、客观的把握；让学生真实地了解自己的特长和劣势，为老师和家长因材施教提供技术支撑。

2. 建立个性化成长档案

学校按照计算机自动生成的测评结果，结合学生日常学习和行为表现，建立开放性与兼容性相结合，定性评价与定量评价相统一的学生成长电子档案。该档案对家长、学生和相关老师开通，作为教育教学指导的依据。

3. 开展个性化学涯指导

个性化测评是指导学生发展的一把钥匙，是开发学生天赋的心灵之窗，也是学校特色发展和品牌建设的技术保障。学校将以学生个性化评估为核心，开展学生学涯设计与指导；加强教师的综合技能培训，突出心理评估与辅导、学涯规划指导等专业素养的提升，要求所有教师系统学习和掌握相关理念与操作方法，有针对性地进行心理辅导、兴趣培养、特长发展和生涯指导，为学生的终身发展提供专业服务。

4. 加大学生兴趣特长培养力度

随着校本课程的不断丰富，琳琅满目的课程超市为学生个性化发展

提供了多样化选择。按照学生自愿申请，教师指导协调，学校统筹计划的原则，每个学生在小学学习期间，要选修 2～3 门校本课程，掌握 1～2 门终身受益的特长或技能。

5. 搭建学生特长才艺展示平台

学校进一步完善英语节、艺术节、体育节、科技节的策划与组织，全面落实人人有特长，个个参与其中的全人教育观念；设置各种形式的奖励与荣誉，鼓励广大学生和家长积极投身丰富多彩的个性化教育热潮中。

四、发展目标：六大方面，全面提升

（一）自然力

自然力主要指环境。前海学校建设优美的校园环境包括两方面内容：一是学校自然生态环境的建设，主要指"绿化工程"，即绿墙、绿篱、绿树、绿廊、花坛等立体绿化建设，学校绿化覆盖率要达到 70％以上；二是学校科学人文生态环境的建设，即教室文化、办公室文化、走廊文化的建设等，要充分发挥校园环境的文化素质教育价值。

（二）思想力

思想力包括以下方面。在教育教学中，学校要转变师生既往陈旧的认知价值观，"以学定教"，注重优化学习习惯，把握学习动态、改变学习思维，传授技巧方法；注重学生学习兴趣的培养及能力的提高，为学生制订个性化发展计划，以"分层教学"走班制为试点，大面积提升教学质量。对学生，力争中考再创佳绩，中考名校录取率明显提升，小学在学业成绩抽测结果上需要在片区达到中上水平；对教师，引进一批富有潜力的教师，留住优秀的教师，形成对外界、同行的能量输出；对家长，努力构建家校共同体，完成家长志愿服务参与率 80％以上，使家长对学校工作满意率达到 95％以上。

（三）文化力

文化力建设包括以下几点。一是建设高雅的书香校园，即让校园有浓郁人文气息的书香之风；有优秀传统文化精髓的宣扬与传承；有历史名人、名师的传奇经历与思想闪光；有现代教育思想与实践成果的丰富陈列；有教师与学生自主发展、自我成长的深刻体验与学业成就以及绘画、书法、科学与艺术制作等多种多样才艺的展示等。二是组建三到四所品牌姐妹院校，形成校际文化交流与互通的新格局。如在各大媒体平台，打造前海学校的鲜明形象，尽快完善前海学校形象、文化用品、标识、校徽校歌以及"前前"和"海海"的吉祥物形象设定；实现一训三风的内涵升华等；丰富教师精神文化生活，通过开展教师职业认同感和幸福满意度，实施教师身心健康行动计划，建立业余生活支持系统。

（四）教师力

教师力提升指制定全校性学习共同体的总目标，建构全校性学习组织形式，满足全校性学习的个体需求，建立一支数量达标，教学、科研水平高，结构合理，整体优化的师资队伍。以教学科研系列教师队伍建设为重点，以科研带动教学团队建设，形成各类优秀的教学团队：区级学科带头人组成的教学骨干团队；教育科研学术带头人组成的科研骨干团队；以"青年教师发展研究会"为平台打造的优秀青年教师团队。在教师培养中，教师的本科率达80%以上，教师学历提升与研究生比例达到40%以上，参与课题研究率达到80%，区级以上的班级"名师""名班主任"荣誉获得者占50%以上。在教师结构设置上，要稳中求进，灵活调整班级、年段、学校三个层次的青年教师、老教师、"优秀教师"、"品牌名师"等的组成结构，同时，加大教师专业培训，规划教师专业成长目标，设计教师专业成长路径，借助技术的应用、"名师"的质与量、对外影响等一系列举措形成强大的前海教师力。

（五）科技力

科技力举措包括以下方面。利用云技术、5G网络的大数据平台、信息技术智慧平台等，引进高效先进的硬件设备和信息处理现代化技术，以教育信息化推进学校教育的现代化，以"南山教育信息网"为依托，以教育信息化基础设施建设为重点，以资源建设及管理服务为中心，以技术培训和各项制度为保障，以深入实施新课程改革和素质教育为宗旨，全面构建学校网络化、数字化、个性化、智能化的信息平台，深入推进校园网数字化、信息化等现代化软件建设。

（六）课程力

课程力的表现如下。特色课程建设以面向学生完整的生活领域，尊重学生的兴趣、爱好和选择，满足学生全面和谐发展需求为前提；以重视学生的参与、体验、实践、展示、感悟为途径；在出色完成国家课程的高质量培养的基础上，以发展学生的主体精神、独立个性、健全人格，培养学生学习能力、综合实践能力和创新精神为目的，通过"校本必修、校本选修、校本活动"三条主线建构完整的、特色鲜明的课程体系，开发30门以上的特色校本课程。在课程教育教学的评价上，尽快形成学校课程多维度、系列化、具体化、特色化的评价体系。

五、发展思路：多维治校，创新发展

科学的教育质量观要求把促进人的全面发展、适应社会发展需要作为衡量教育质量的根本标准。实施教育质量攻坚行动，必须采取科学有效的工作方针，具体包括依法治校、民主理校、创新活校、科研兴校、特色立校。

（一）依法治校

实行依法治校，进一步完善前海学校各项民主管理制度，弘扬"制度第一"的制度文化，实现学校管理与运行的制度化、规范化、程序化，依法保障学校、教师、学生的合法权益。

（二）民主理校

弘扬人本管理思想，牢固树立"管理就是服务、管理就是支持、管理就是效益"的管理意识；成立民主理校委员会，推进学校民主建设，完善民主监督；进一步完善教职工代表大会制度；全面实行校务公开制度；建立学校校务公开制度；建立听取师生意见建议机制，完善家长委员会的机制，建立社区参与学校管理与监督制度等。

（三）创新活校

深化学校文化建设改革，以"定制教育"为主题，吸纳古今中外优秀文化元素，建设科学文化与人文文化相互融合的学校文化，提升办学

品位；以"体验式德育"为主题，进行道德教育的创新；以"质效课堂"研究为主题，变革教师的教学方式和学生的学习方式，进行课堂教学创新；以拓宽教师成长途径为宗旨，引领教师专业发展，进行校本研修模式的创新等，通过改革给学校注入持续发展的动力，让学校充满生命的活力。

（四）科研兴校

前海学校以"成就每个人的奇迹"为目标愿景，以"定制教育"为办学思路。在学校统一部署下，全校构建起个人课题、校级课题、区级课题、市级课题、省级课题的课题网络，形成人人有课题，教研与科研相融合的新局面，促进教师发展和学校教育教学质量提升，促进学校的可持续发展。

（五）特色立校

前海学校进一步完善学校理念文化体系，以学生为中心，以课堂为阵地，以课程建设为载体，大力实施素质教育；通过国家课程的高效实施、校本课程多元化特色开发，加强学生学科学习和基本素质培养，进而培养学生的个性和特色；尊崇学生的发展规律，把握学生的成长节奏，形成学校独特的教育风格，凸显特色，形成品牌。

第三部分　学校发展规划的保障体系

前海学校"十四五"规划是一项系统工程，是学校发展和建设的美好蓝图，是全校教职员工今后五年工作的行动指南。学校全体教职员工要高度重视，认真实施，确保各项目标和任务落到实处，力争发展规划的全面实现。

一、组织保障

学校本着职权清晰、责任明确、组织高效的原则，组建完善的设施规划的组织机构，成立由党总支书记、校长担任组长，副校长与各部门、各学科部负责人为组员的"十四五"发展规划领导小组，积极调整和完善各种组织机构。党总支书记、校长对学校事务全面负责，协调学校对外关系，整合学校办学资源，合理安排学校工作；学校党小组发挥政治核心作用，支持党总支书记、校长履行行政管理职权，加强党员教育，让党员充分发挥模范带头作用；学校工会起到教师和行政的桥梁作用，及时向学校反映教师要求，向教师宣传学校政策，做到关心教师，丰富教师文化生活。学校建立健全的中层机构和管理机制，更好地服务于教学和管理，服务于教师和学生。

二、机制保障

（1）建立对规划的宣传机制。大力宣传学校发展规划，进行广泛的解读、培训和讨论，使全体教职工了解、熟悉规划内容，凝聚共识，并能主动提前思考本职工作。

（2）建立民主管理机制。使学校的发展规划成为全校教职员工的共同愿景，大力营造宽松、和谐、自主的管理环境。合理授权，减少管理层级，通过工会、教代会、年级组、教研组等教职工群团组织和学校基层组织，充分调动广大教职工管理的自主性、自觉性、积极性和创造性，促进整个学校朝规划的方向有序发展。实行人文化管理，服务化管理，提升管理品位。

（3）建立目标责任机制。编制"十四五"规划细则，建立协调联动机制，将发展规划的具体目标分解，实行分层管理。明确学校各部门的规划分工与责任，同时在定责的基础上，合理授权，强调自主管理和自我控制，充分发挥各部门的积极性与创造力。作为年度工作的主要依据，相应负责人需要进行详细的年度总结。

（4）建立有效评价机制。建立一套科学的评价标准，对各部门及个体的短期目标行为进行评估，将行为绩效与实施奖惩结合，鼓励先进，激励全体，真正提高学校组织的整体效应；实行过程评价与终端评价相结合，突出过程评价，同时，继续健全教职工评议领导，评议处室制度，通过评价体系的不断完善，形成学校对教职工负责，教职工对学校负责的新格局。

三、资源保障

（1）后勤保障：加强后勤制度与机构建设，使学校校产管理、财务管理、生活管理走上规范而有序的轨道，从而为教师有效使用先进教育教学设施、设备、推进教育改革创造条件。

（2）经费保障：学校加大资金投入，调整经费使用结构，保障教师科研、教师培训、新课程改革、学生综合实践活动等各项工作的顺利开展；合理使用学校有限的办学资金，避免资金使用上的无谓浪费与低效；设立教师、学生奖励基金。

（3）队伍保障：学校在努力抓好自身教师队伍建设的基础上，建好三支队伍，一是专家队伍，二是兼职队伍，三是社教队伍，形成强有力的教育合力，以学校为辐射点，构筑学习型的社区网络。

（4）社会保障：学校为家庭、社区提供多方面的服务。在服务的过程中，获取家庭、社区的支持、帮助、配合，广泛吸引社会优质教育资源流向学校，吸引社会有识之士为学校的发展献计献策，力争实现更快、更好的发展。

四、智库保障

（1）加强规划领导，提供技术指导。成立学校发展规划管理智库和学校发展咨询智库，负责对规划实施提供理论和技术指导；建立和完善实施规划的技术支持系统，解决重大技术问题。对各部门做好规划的咨询指导、检查控制和调节平衡工作，及时纠正偏差的管理行为，从而保证规划的正确方向和有效运行。

（2）畅通信息渠道，增进监督反馈。建立立体、交叉、多维的信息网络系统以及人力支持系统和智库支持系统。对学校五年发展规划具体实施实行智力支持与质量监控，检查规划实施中的进展情况，提出指导性意见，及时采取相关措施进行调控，并对学校发展规划的阶段性目标达成实行评估与验收。

（3）规划实施科研化，规划方法科学化。在"十四五"规划实施过程中，学校以科研为先导，将规划中的任务课题化，将规划方法科学化，以实现规划成果高效化，为规划的顺利执行提供科研保障。

五、物质保障

为了实现学校"十四五"规划，不断完善现代化的办学条件，形成"外部精美，内部精致"的现代化学校，学校在建设"书香校园""智慧校园"和"生态校园"的过程中，将有计划地加强校园景点的布置和图书、电教设施的添置；将"十四五"规划中所涉及的经费作为年度经费预算编制的依据，并争取得到上级相关部门的支持与帮助，确保重点改革创新项目的经费需要，最终整合社会资源，满足学校发展的各类需求，确保各措施有条不紊地施展。

深圳市南山前海学校

2021 年 6 月